Gilbert Gress
Mein Leben für den Fußball

GILBERT GRESS
mit Christoph Ehrenzeller

Mein Leben für den Fußball

Giger Verlag

1. Auflage 2014
© Giger Verlag GmbH, CH-8852 Altendorf
Tel. 0041 55 442 68 48
www.gigerverlag.ch
Lektorat: Monika Rohde, Leipzig
Umschlaggestaltung: Hauptmann & Kompanie, Zürich
Layout und Satz: Roland Poferl Print-Design, Köln
Druck und Bindung: GGP Media GmbH, Pößneck
Printed in Germany

ISBN 978-3-905958-40-9

»Der Spieler kriegt, der Trainer gibt.«

Inhalt

Über die Entstehung dieses Buches 9
    Von Co-Autor Christoph Ehrenzeller

»Wurschtegal …« 11
    Vorwort von Rainer Maria Salzgeber

Straßenfußball 15
Albert, Gustl und der FC Traktor 29
Der Sprung ins Profigeschäft 38
Vom Training in den Krieg 47
Le Racing Club 55
Beatle oder Weltmeisterschaft 63
Cathy, Franck und die Schwiegereltern 66
Ein Franzose in der Bundesliga 70
Bayer oder Schwabe? 85
Ohne Ambitionen 95
Adieu VfB 98
Côte d'Azur 105
Zurück zu den Wurzeln 117
Der Ruf der Schweiz 122
Vom Spieler zum Trainer 129
Dunkle Wolken ziehen auf 144

Der große Bruch	149
Le Supporter Club	155
Man spricht flämisch	158
Xamax mischt Europa auf	162
Trainer wird man nicht …	172
NSA anno 1982	176
In der Erfolgsspur	179
Präsidentenchaos in Genf	194
Zurück in der Meinau	202
Die Nati	210
Endlich Cupsieger	219
Abenteuer Sion	226
Das Wunder von Aarau	232
Beim Fernsehen	240
Der Match	243
Damals, heute und morgen	250
C'est moi, Gilbert Gress	259
Danksagung	263
Palmarès	265
Stationen	266
20 Jahre ohne Heimniederlage im Europacup	267
Bildquellen	269

Über die Entstehung dieses Buches
Von Co-Autor Christoph Ehrenzeller

Als Kind der Achtzigerjahre kann ich mich sehr gut an einen auffälligen Fußballtrainer erinnern, der durch seine ganz spezielle äußere Erscheinung, natürlich aber auch durch seine großartigen Erfolge mit Neuchâtel Xamax im Europacup und in der heimischen Liga für viel Gesprächsstoff auf dem Schulhof sorgte. Gilbert Gress faszinierte mich damals schon auf eine einzigartige Weise. Niemals hätte ich es für möglich gehalten, dass wir dreißig Jahre später zusammen an einem Buch über sein Leben arbeiten und dabei so viel Spaß haben würden.

Während der vielen Gespräche und der intensiven Arbeit an diesem Buch wurde mir rasch klar, dass ich es nicht nur mit jemandem zu tun bekam, der sehr viel zu erzählen hat, sondern auch mit einem Mann, der sich und seinen Prinzipien stets akribisch treu und dabei immer ganz Mensch geblieben ist. Viele andere hätten die sich darbietenden Chancen viel konsequenter genutzt, diverse Entscheide anders gefällt und ihre Prinzipien wesentlich seltener hinter kommerzielle Faktoren gestellt. Gilbert Gress aber nahm gern den unbequemeren, schwierigeren und steinigeren Weg, folgte dabei meist seinem Herzen und bewahrte sich immer seine menschlichen Tugenden. Nicht selten hat diese Charaktereigenschaft eigentlich weit offene Türen zugestoßen. Doch wäre er heute diese Art Persönlichkeit, ohne seine zeitweilige Naivität und Gutgläubigkeit? Hätte er so eine großartige Karriere als Spieler, Trainer und Medienmensch durchlaufen? Würde ihm heute schweizweit so große Sympathie entgegengebracht werden? Mit sehr großer Wahrscheinlichkeit nicht.

Sein in diesem Buch dokumentierter Lebensweg ist eine spannende und auch turbulente Zeitreise durch eine eindrückliche Karriere, die vielfältiger kaum sein könnte. Nicht viele Menschen haben die Möglichkeit, auf ein dermaßen ereignisreiches und spannendes Leben zurückzublicken, und noch weniger sind wie Gilbert Gress in der Lage, das Erlebte so zu erzählen, dass man als Zuhörer selbst nach vielen Stunden immer noch mehr hören möchte.

Ich bin sehr dankbar für die Möglichkeit, mit einer der größten und bekanntesten Schweizer Persönlichkeiten zusammenarbeiten zu dürfen und freue mich auf viele weitere Fußballfachgespräche, neue und alte spannende Geschichten aus der Vergangenheit und insbesondere auf die ganz normalen Unterhaltungen unter Freunden.

Christoph Ehrenzeller, im März 2014

»Wurschtegal ...«

Vorwort von Rainer Maria Salzgeber

Es geschah am 10. Oktober 1998, nicht am helllichten Tage, sondern bei Dämmerung im Estadio Friuli in Udine. Die Schweiz spielte in der Qualifikation für die EURO 2000 auswärts gegen Italien und ich durfte die dankbare Aufgabe übernehmen, dem damaligen Trainer der Nationalmannschaft, Gilbert Gress, die Fragen zu stellen, die niemand gerne beantwortet. Die Fragen unmittelbar nach dem Spiel. Die Fragen für das sogenannte und allseits beliebte Flash-Interview.

Gilbert Gress kannte ich bis dahin nur aus dem TV als engagierten Trainer voller Energie und Leidenschaft. Als junger Fußballer im Wallis beim FC Raron gehörten die rauschenden Fußballnächte im Europacup von Xamax Neuenburg zum Pflichtprogramm. Mir war schon immer bewusst, das muss ein ganz besonderer Trainer sein, ein ganz besonderer Mensch. Die gemeinsamen Jahre beim Schweizer Fernsehen sollten später dieses Bild auf eindrückliche Art und Weise bestätigen.

Zurück zum Interview im Friaul: 0:2 die Niederlage gegen das große Italien mit dem damaligen Weltklasse-Duo Del Piero/Vieri im Sturm. Der junge Nachwuchsreporter

Salzgeber wagte es, eine kritische Frage zur Aufstellung zu stellen. Das hätte ich besser nicht gemacht. Auf jeden Fall gab mir unser damaliger Nationaltrainer klar zu verstehen, wer von uns beiden der Fußballfachmann ist. Seine Antwort war kurz und bündig: »Das ist mir wurschtegal ...«, und weg war er ...

Mit dem werde ich nie warm – dies mein erster Gedanke. Das sollte sich glücklicherweise nicht bewahrheiten.

Bei der EURO 2000 war Gilbert Gress zum ersten Mal Experte im SRF-Studio. Sogar gleich im Doppelpack. Das Original aus dem Elsass und sein Double Walter Andreas Müller. Im Finale dann der gemeinsame Auftritt: Original und Double in der gleichen Sendung. Fantastisch. Mit der gemachten Erfahrung von Udine hätte ich das nie für möglich gehalten. Nach meiner ersten gemeinsamen Sendung mit Herrn Gress war klar: Der Mann hat Sachverstand, Charme, Humor und das gewisse Etwas.

Das Duo Gress und Salzgeber war geboren, musste aber zuerst noch zusammenwachsen. Mit jedem weiteren gemeinsamen Auftritt vor der Kamera wurde mir klar, Gress und Salzgeber: das passt. Beruflich und privat ...

2006 war das entscheidende Jahr für uns: Ich empfahl auf Anfrage der Macher von »DER MATCH« Gilbert Gress für die Rolle des Trainers bei der Fußball-Doku-Soap. Für diese Rolle konnte es nur einen geben. Die Serie wurde vor allem dank Gilbert Gress ein Riesenerfolg und ich konnte eine

Woche unter professionellen Bedingungen bei ihm trainieren. Der absolute Wahnsinn.

Herr Gress war jetzt definitiv ein TV-Star und hatte in der Deutschschweiz einen großen Beliebtheitsgrad erreicht. Man hatte ihn ganz einfach ins Herz geschlossen. Und ich durfte davon profitieren. Bei diversen großen Turnieren, in den Champions-League-Sendungen und vor allem bei der EURO im eigenen Land. Dank den EURO-Sendungen wurde ich Ende 2008 zum Sportjournalisten des Jahres gewählt und erhielt zudem den Schweizer TV-Preis.

Dafür bin ich Ihnen, lieber Herr Gress, zu großem Dank verpflichtet. Denn nicht ich hätte diese Preise verdient, sondern Sie.

Die Art und Weise, wie Sie die Rolle des Experten interpretieren, macht es einem Moderator einfach, sein eigenes Profil zu entwickeln und sich für Auszeichnungen ins Spiel zu bringen. Sie haben genau dieses Gespür für die Menschen, für den passenden Ton zum richtigen Zeitpunkt. Sie haben die Größe, andere glänzen zu lassen. Eine seltene Eigenschaft, vor allem in unserer Branche.

Lieber Herr Gress: Sie sind ein absoluter Glücksfall für mich. Nicht nur beruflich, sondern auch privat. Ich habe viel von Ihnen gelernt. Fußballerisch sowieso, vom Menschlichen ganz zu schweigen. Und natürlich auch von Ihrer Frau Béatrice. Seien Sie mir nicht böse, aber die Gespräche mit Ihrer Frau sind mindestens so spannend wie diejenigen mit Ihnen. Davon konnte ich mich bei meinen Besuchen in Strasbourg immer wieder überzeugen.

Merci Monsieur Gress ... alles andere ist WURSCHT-EGAL ...

Ihr *Rainer Salzgeber*

PS: Falls jemand fragen sollte, wir sind auch privat per Sie und das ist richtig so!

Straßenfußball

Ich habe in meinem Leben, oft vielleicht auch gar nicht so bewusst, stets auf Kontinuität gesetzt. Das zeigt sich am deutlichsten an der Tatsache, dass ich heute noch im selben Quartier in Strasbourg lebe, in dem ich im Dezember 1941 geboren wurde.

Im Gegensatz zu heute konnte man damals allerdings noch unbeschwert auf der Straße Fußball spielen. Es gab nach dem Krieg nur wenige Autos und jeder Hinterhof, jede Ecke wurde zum Fußballplatz gemacht. Alles, was halbwegs rund war, wurde zum Kicken benutzt – einen richtigen Ball hatte damals niemand. In unserem Quartier »Schluthfeld« spielten wir jeweils über Mittag und nach der Schule Fußball und verabredeten uns regelmäßig mit anderen Wohnquartieren zu kleinen Freundschaftsspielen auf einem Rasenplatz. Heute wird dort alles von Beton und Autobahnen überlagert. Ich hatte das Glück, in einer Zeit aufzuwachsen, in der man immer und überall Fußball spielen konnte. In meiner Straße waren wir damals acht junge Fußballer, die später allesamt das Profitrikot von Racing Strasbourg tragen würden. Wir hätten also mit unserer kleinen Fußballgemeinschaft beinahe ein komplettes Profiteam stellen können. Eine wohl einmalige Konstellation, die es so im Profifußball noch kaum gegeben hat.

Mein Vater nahm mich schon früh zu Spielen von Racing Strasbourg mit, meine Begeisterung für den Club und den Fußball generell steigerte sich bei jedem Spiel aufs Neue. Ich erinnere mich sehr gut, dass er eines Tages vor einem Spiel zu mir sagte, er müsse noch rasch etwas besorgen und käme gleich wieder. Er kehrte dann aber zu meinem Entsetzen nicht zurück und ich realisierte schnell, dass er nicht mehr kommen würde und offensichtlich allein zum Spiel gefahren war. Ich habe anschließend den ganzen Nachmittag bittere Tränen geweint.

Als ich ins Schulalter kam, bekamen wir bald die Möglichkeit, den Trainingsplatz vor dem Meinau-Stadion, der Heimstätte von Racing Strasbourg, zu nutzen. In den Schulferien war ich dann von morgens bis abends auf diesem Platz und ging jeweils nur kurz zum Mittagessen nach Hause. Eine Freundin meiner Mutter fragte oft, wo ich denn in den Ferien sei, und diese entgegnete, ich wäre nicht im Urlaub, aber ständig auf dem Fußballplatz. Ferien bedeuteten für mich nur eins: Fußballspielen.

In einem Jahr, da war ich vielleicht zehn Jahre alt, fuhr ich zu meinem Patenonkel in den Urlaub in ein kleines Dorf im Elsass und musste bei der Ankunft schockiert feststellen, dass es dort weder einen Ball noch entsprechende Mitspieler zum Fußballspielen gab. Ich bin heute noch davon traumatisiert. Ganze sechs Wochen ohne Fußball zu überstehen war für mich so etwas wie Folter, es war dementsprechend eine furchtbare Zeit.

Meine Mutter kam zwar nach drei Wochen gemeinsam mit meiner Patentante zu Besuch, ich war aber zu stolz zu sagen, dass ich wieder nach Hause wollte. Mein Onkel und seine Familie waren sehr nett, alles war in Ordnung, doch was nützte mir das alles ohne Ball? Ob das den Ausschlag gab, vermag ich nicht zu beurteilen, aber ich fahre bis heute nicht mit derselben Begeisterung wie andere Leute in die Ferien und bleibe auch nie länger als eine Woche. Meine Patentante sollte mich dann an Weihnachten desselben Jahres für die quälend langen Wochen entschädigen. Sie schenkte mir einen richtigen Lederball. Das ist bis heute mein schönstes Weihnachtsgeschenk! Man kann sich kaum vorstellen, wie glücklich ich darüber war. Nicht viele besaßen damals einen eigenen Ball. Dank des Geschenks konnte ich jetzt spontan und beliebig spielen, wann immer ich Lust hatte.

Meine Fußballleidenschaft wurde übrigens auch in meinen Schulzeugnissen erwähnt. Einer meiner Lehrer hielt darin fest: »Gilbert sollte weniger spielen und lieber seine Lektionen lernen.«

In meiner ganzen Jugend konnte ich es nur schwer verkraften, wenn Racing Strasbourg schlecht gespielt und Spiele verloren hatte. Ich habe oft geweint und war unglücklich, dass Strasbourg nicht mit den großen Teams der damaligen

Zeit mithalten konnte. Wir gingen ins Stadion, um Teams wie Stade de Reims, Marseille, Nizza und den RC Paris zu bewundern. Racing selbst spielte nie oben mit. Die einzige Ausnahme war das Jahr der Weltmeisterschaft 1954. Die WM-Spiele in der Schweiz waren die ersten Partien, die ich am Fernseher mitverfolgt habe. Wir selbst hatten zu Hause kein TV-Gerät (mein Vater sträubte sich jahrelang dagegen), daher schaute ich mir die Spiele jeweils in einer Gaststätte an, in der ein Fernseher installiert war.

Das beste Spiel damals war die Halbfinalpartie Deutschland gegen Österreich, das die Deutschen mit 6:1 gewannen. In dieser Partie spielte unter anderem der Österreicher Ernst Stojaspal. Während der WM lernte er in der Schweiz seine spätere Frau, eine Elsässerin, kennen, weshalb er nach der Weltmeisterschaft zu Racing Strasbourg wechselte. Mit Stojaspal, der im allerersten Spiel für Strasbourg gleich drei Tore schoss, spielte Racing eine Saison lang an der Spitze mit und wurde in der Meisterschaft Vierter. Er wurde mein großes Vorbild.

Dieses eine Jahr war wunderbar, es sollte aber lange eine Ausnahme bleiben. Viele Jahre später, als ich als Trainer von Racing das erste und einzige Mal in der Clubgeschichte den Meistertitel ins Elsass holte, sagte ich zu einem Journalisten: »Ich erinnere mich sehr gut, wie ich als Junge oft weinen musste, weil Racing so oft verloren hatte. Heute freue ich mich, dass die Jugendlichen nicht mehr weinen müssen,

sondern so viel Schönes mit dem Verein erleben dürfen.«
Nach dem spektakulären Halbfinale der Weltmeisterschaft 1954 schaute ich mir natürlich auch das legendäre Endspiel, das »Wunder von Bern«, Deutschland gegen Ungarn, an. Die Deutschen siegten bekanntlich mit 3:2 gegen die zu selbstsicheren Ungarn und ich bewunderte damals schon den deutschen Trainer Sepp Herberger, der wohl bis in alle Ewigkeiten der bekannteste und beliebteste Coach in Deutschland bleiben wird. Ich konnte damals nicht ahnen, dass ich 16 Jahre später, während meiner Zeit beim VfB Stuttgart, gemeinsam mit ihm in einem Fernsehstudio sitzen würde.

Als wir damals nach der Sendung in einem Restaurant zusammensaßen und uns unterhielten, äußerte er einen Satz, der mich später als Trainer zeitlebens begleiten sollte. Herberger meinte: »Wissen Sie, Gilbert, wenn Sie auf Dauer Erfolg haben wollen als Trainer, dann gibt es nur eins: Spielen, spielen, spielen.« Als ich ihn fragte, wie er denn die Deutschen damals gegen die Übermannschaft aus Ungarn zum Sieg geführt habe, antwortete er: »Wir begegneten dem Gegner mit Respekt, wir hingegen wurden von den Ungarn nicht ernst genommen. Zudem studierten wir ihr Spiel, organisierten uns auf dem Platz und spielten mit Herz.« Diese Begegnung mit einer der größten Legenden im Fußball war eine unglaubliche Erfahrung und Ehre für mich.

Mein erstes offizielles Spiel für Racing Strasbourg bestritt ich mit elf Jahren. Ich hatte zwar zuvor schon mit der Jugend trainiert, besaß aber keine offizielle Spiellizenz. Im Vorprogramm eines Meisterschaftsspiels in der Meinau sollte ein kleines Turnier mit vier Jugendmannschaften von Racing Strasbourg stattfinden, dabei traten zwei Teams jeweils zeitgleich auf einer Platzhälfte gegeneinander an. Ein paar Tage vor dem Spiel überreichte mir der damalige Trainer ein schriftliches Aufgebot für das Spiel. Ich war sehr überrascht und sagte: »Trainer, ich habe doch gar keine Lizenz.« Er winkte ab und meinte, das spiele keine Rolle, ich wäre auf jeden Fall dabei.

Daheim platzierte ich den Zettel mit dem Aufgebot gut sichtbar in der Küche. Als mein Bruder nach Hause kam (er war sieben Jahre älter als ich), fiel ihm das natürlich sofort auf und er sagte mit einem Lächeln: »Wow!« Ich war mächtig stolz und freute mich, dass mein Bruder, wohl wissend der Bedeutung, die dieses Aufgebot für mich hatte, das anerkannte.

Beim Spiel trug ich eine ganz normale Hose mit Hosenträgern, dazu Kniesocken und Sandalen. Fußballschuhe hatte ich schlichtweg noch keine. Das Trikot gab's vom Verein und so bestritt ich mein erstes Spiel für Racing. Wir verloren mit 5:6 und ich war das erste Mal als Aktiver für den Club über eine Niederlage traurig. Meine offizielle Spiellizenz erhielt ich erst ein Jahr später, bis dahin bestritt ich keinen Ernstkampf mehr für den Verein.

Damals wie heute ging es nebenbei schon darum, wer die schönsten Schuhe und das schönste Trikot im Training trug. Es herrschte also oft auch ein kleiner modischer Konkurrenzkampf. Das interessierte mich allerdings nicht. Unter uns Straßenfußballern galt die Devise: Wer im Training schön angezogen ist, gehört in der Regel nicht zu den Besten. Ich war damals einfach glücklich, Fußball spielen zu können. Wo das war oder mit welcher Ausrüstung, war mir völlig egal.

Die Auswärtsspiele fanden in der näheren Umgebung von Strasbourg statt. Trotzdem musste man mobil sein, um zu den Spielstätten zu kommen. Mein Vater setzte mich jeweils hinten auf sein Fahrrad und brachte mich bei jeder Witterung und egal ob im Sommer oder Winter zu den Spielen. Das Fahrrad meines Vaters blieb mir deshalb immer in besonderer Erinnerung. Das bedeutete Mobilität, und dass ich meine Fußballleidenschaft ausleben konnte. Nach den Spielen kam er stets in die Kabine und sorgte dafür, dass ich alle sieben Sachen in meiner Tasche hatte, bevor wir uns auf den Rückweg nach Hause begaben. Andernfalls wäre immer mal wieder eine Socke oder ein Schuh zurückgeblieben.

Meine Eltern waren immer sehr diskret. Damals wie heute waren viele Väter bei den Spielen dabei, die ihre Sprösslinge anfeuerten und motivierten. Einer meiner Teamkameraden, er hieß Bernard und kam aus einem kleinen Dorf etwas außerhalb von Strasbourg, wurde wie ich ständig von seinem Vater begleitet. Nach den Spielen kam dieser öfter zu mir und meinte: »Gilbert, der beste Spieler auf dem Feld war wieder mal Bernard.« Ich entgegnete jeweils nur: »Ja, Sie haben recht.« Mein Vater hätte sich eine solche Indiskretion niemals erlaubt. Aus Bernard ist leider nie etwas geworden – das Talent war durchaus vorhanden, es sollte aber nicht sein.

Mein Vater hat mich wirklich immer unterstützt. Das war damals nicht selbstverständlich. Er selbst hatte studiert und beherrschte drei Sprachen: Französisch, Englisch und Deutsch. Ich sollte natürlich ebenfalls eine entsprechende Ausbildung bekommen und dazu gehörte, vor allem weil ich ein sehr guter Schüler war, auch ein Studium. Allerdings stellte ich schon vorher fest, dass ein Studium nicht das war, was ich mir wirklich wünschte. Ich wollte mich voll auf den Fußball konzentrieren und nebenbei eine Berufsausbildung machen. Als ich meinen Vater über meine Pläne in Kenntnis setzte, war er natürlich überrascht und zuerst nicht damit einverstanden. Schließlich hat er meinen Wunsch aber respektiert und mich nicht gezwungen, weiter die Schulbank zu drücken.

Damals wie heute stellt sich für talentierte Jugendspieler und deren Eltern die essenziell wichtige Frage, wie es ab einem gewissen Zeitpunkt weitergeht. Ein Pauschalrezept gibt es nicht, man kann es auf die eine oder andere Art richtig oder falsch machen. Mir war es immer wichtig, Fußball zu spielen. Ob ich damit später Geld verdienen konnte oder nicht, war mir letztlich egal. Eine berufliche Ausbildung als Absicherung war somit sicherlich das Vernünftigste, was man tun konnte.

Heute stellt sich die Situation anders dar. Auch mittelmäßig begabte Fußballer können mit ein bisschen Glück Profis werden und verdienen selbst in den unteren Ligen teilweise bereits einiges mehr als andere Leute mit einer normalen Arbeit. Wenn ich mir heute überlegen müsste, was ich meinem 15-jährigen Sohn raten sollte, finde ich keine abschließende Antwort. Eine Berufs- oder Schulausbildung kann aber auf jeden Fall nicht falsch sein. Man weiß nie, wie einem das Leben am nächsten Tag mitspielt, von einem Moment zum anderen können ein Schicksalsschlag, eine Verletzung, eine Krankheit oder andere Umstände dazu führen, dass man die Fußballschuhe sehr rasch wieder an den Nagel hängen muss. Wie schnell das passieren kann, sollte ich später am eigenen Leib erfahren.

Ich machte mich demnach auf die Suche nach einer Lehrstelle und wurde zum Glück schnell fündig bei einem ortsansässigen Logistikunternehmen namens Heppner Transports. Ich war in der Buchhaltung angestellt und mir gefiel die Arbeit auf Anhieb sehr gut. Die Arbeitszeiten waren von acht bis zwölf und von zwei bis sechs Uhr. Verdient habe ich damals 25 Francs im Monat (umgerechnet vier Franken), die ich durch 50 Überstunden pro Monat verdoppelt habe. Mein normaler Arbeitstag mit Überstunden dauerte somit elf Stunden.

Mitten in meiner dreimonatigen Probezeit fand an einem Donnerstagnachmittag um 16.00 Uhr ein Spiel in der Meinau statt. In der nationalen Meisterschaft gab es damals noch keine Abendspiele. Saint-Etienne war zu Gast bei Racing Strasbourg. Eine Partie, die ich mir nur zu gern angeschaut hätte. Meine Kollegen wussten natürlich alle, dass ich Fußball spiele und witzelten die ganze Zeit: »Gilbert, heute Nachmittag ist das große Spiel, wie kann das denn stattfinden, ohne dass du dabei bist? Das musst du doch sehen.«

Sie meinten irgendwann, ich solle mir doch einen Ruck geben und den Chef, Monsieur Malaisé, fragen, ob er mir für die Zeit des Spiels freigeben würde. Um 15.30 Uhr schließlich fasste ich mir ein Herz, ging zu seinem Büro und klopfte an die geschlossene Tür. Ich hörte nur ein lautes »Oui« und trat ein. Ich berichtete ihm dann gleich ohne Umschweife, dass ich Fußball spielte und ich unheimlich gern gleich zum Spiel von Racing gegen Saint-Etienne gehen würde. Ich beteuerte, die verpasste Zeit am selben Tag nach dem Spiel und am Tag danach komplett wieder nachzuholen. Er allerdings sah keinen Grund, mich dafür von der Arbeit freizustellen und betrachtete die Sache schnell als erledigt. Doch ich blieb hartnäckig fünf Minuten stehen und lamentierte weiter. Schließlich sagte er: »Also gut, geh hin und schau dir das Spiel an.« Ich schwang mich sofort auf mein Fahrrad und strampelte so schnell ich konnte zum Stadion. Noch heute habe ich die Bilder dieser Partie vor Augen, als hätte sie erst gestern stattgefunden. Strasbourg siegte mit 5:2.

Ich vermied es allerdings tunlichst, meinem Vater von meinem kleinen Abstecher zu erzählen. Er wäre mehr als nur sauer gewesen, da er ein sehr gewissenhafter Mensch war, der sein Leben lang im selben Betrieb gearbeitet hat. Für ihn wäre es niemals, außer bei einem wirklichen Notfall, infrage gekommen, von der Arbeit fernzubleiben. Es gab Jahre, da hat er nicht einmal Urlaub genommen, weil er sich für unersetzlich hielt. Leider ist er sehr früh verstorben und war in der Firma schließlich trotzdem austauschbar.

Im Fußball ist es oft genauso. Da kommt aber erschwerend hinzu, dass nicht nur ein Teil der Spieler sich heute für unersetzbar hält, sondern gewisse Vereine dieses Verhalten mit einer aggressiven Gehaltspolitik auch immer weiter schüren. Einzigartige Top-Spieler verdienen sehr viel Geld und opfern dafür gern auch mal ihre Würde, indem sie bei Vereinen spielen, bei denen viel Geld, aber wenig Niveau in der Liga vorhanden ist. Das ist bei den immensen Beträgen, um die es da oft geht, durchaus nachvollziehbar, aber der sportliche Wert ist nicht derselbe wie in einer Top-Liga. Das Ziel eines jeden Spitzenfußballers müsste es eigentlich sein, in einer der besten Ligen zu spielen und sich dort mit den besten Leuten und Teams zu messen. Die Gehaltsspirale dreht sich immer weiter nach oben, was zum einen eine Gefahr für die Wirtschaftlichkeit einiger Vereine, zum anderen aber auch eine negative charakterliche Entwicklung beim Spieler zur Folge haben kann.

In meinem Lehrbetrieb gab es auch große Schecks, die auf die Bank gebracht werden mussten. Das war dann eine meiner regelmäßigen Aufgaben als Lehrling in der Buchhaltung. An einem Donnerstag vor Karfreitag kam Herr Malaisé kurz vor vier Uhr nachmittags aufgeregt zu mir und sagte, es wäre gleich fünf Minuten vor vier und wenn wir unsere Schecks nicht in den nächsten fünf Minuten auf die Bank bringen würden, müssten wir auf viele Zinsen verzichten, was eine Katastrophe wäre. Ich schwang mich also sofort auf mein Fahrrad, strampelte wie ein Verrückter zur Bank, gab die Schecks ab und kehrte um Punkt vier Uhr wieder ins Geschäft zurück. Als mich Herr Malaisé sah, war er erst schockiert und sagte aufgebracht: »Gilbert, was machst du denn noch hier? Ich sagte dir doch, wie dringend diese Schecks auf die Bank müssen!«

Er dachte, ich wäre noch gar nicht aufgebrochen. Als ich ihn dann beruhigte und ihm mitteilte, dass alles bereits erledigt und in bester Ordnung sei, war er hocherfreut und hatte sogleich eine Idee, wie er von meiner Geschwindigkeit und Ausdauer sonst noch profitieren könnte. Er meinte:

»Gilbert, wir haben doch bei Heppner eine Kegelmannschaft, die sich regelmäßig zum Spielen trifft. Wir suchen genau jemanden wie dich, schnell, spritzig und mit viel Ausdauer. Du wärst ideal, um uns nach den Spielrunden die Kegel wieder aufzurichten. Ich erkläre dir dann alles vor Ort. Du bekommst vier Francs und ein Wasser pro Abend.«

Ich konnte natürlich schlecht Nein sagen, schließlich hatte mich Herr Malaisé ja auch zum Spiel gelassen und war auch sonst ein guter Chef. Vor Ort erklärte er mir dann, was ich genau zu tun hatte – nichts, womit ich nicht klarkam, wie ich zuerst dachte. Ich sollte nach dem Werfen jeweils die Kugel zurückrollen, dann die Kegel wieder aufrichten und anschließend bis zur nächsten Runde in meine Kammer zurückkehren. Nach kurzer Zeit war ich bereits fix und fertig, nicht einmal im Fußballtraining oder bei einem Spiel hatte ich so geschwitzt. Das Ganze dauerte von acht bis halb elf Uhr und war, man kann es nicht anders ausdrücken, richtige Knochenarbeit.

Ich war ein paar Abende lang dabei und hatte jedes Mal gefühlte fünf Kilo abgenommen. Mir wurde es definitiv zu anstrengend, ich wollte aber Herrn Malaisé und die Kegelrunde, für die ich eine Riesenunterstützung war, nicht enttäuschen. Schließlich fragte ich Richard, einen Freund, ob er mir helfen würde – wir würden die vier Francs teilen. Ich wusste von vornherein, dass Richard Ja sagen würde, da dieser nie Geld hatte und um jeden Francs froh war, den er dazuverdienen konnte. Jetzt musste nur noch Herr Malaisé einverstanden sein, aber auch das war kein Problem. Ab sofort teilten Richard und ich uns die Einsatzzeit und den Lohn. Bei den Meisterschaftsspielen gegen andere Unternehmen musste ich dann allerdings wieder allein schuften.

Ein Jahr später wechselte ich bei Heppner in eine andere Abteilung. Da machte ich keine Überstunden mehr, musste aber in dem Jahr jeden zweiten Samstag arbeiten. Sechs Tage in der Woche waren zwar hart, aber damals nicht ungewöhnlich. Zudem arbeitete ich wirklich gern in meinem Betrieb. Ich schloss meine Lehrabschlussprüfung erfolgreich ab und spielte weiter intensiv Fußball in der Jugendmannschaft von Racing.

Wenn ich an meinen Vater zurückdenke, wünsche ich mir oft, er hätte meine wichtigsten Erfolge als Spieler und Trainer miterleben können. Gerade später die Meisterschaft mit Strasbourg wäre für ihn das Größte gewesen. Er war Kettenraucher, es gibt kaum ein Foto, das ihn ohne Kippe zeigt und auch in meinen Erinnerungen sehe ich ihn immer nur mit einer Zigarette im Mund. Er hat sich damit selbst umgebracht, er starb 1968 während meiner Anfangszeit beim VfB Stuttgart. Ich glaube, ich muss nicht erwähnen, dass ich selbst nie geraucht habe.

Albert, Gustl und der FC Traktor

Genau wie mein Vater, war auch meine Mutter eine ausgesprochen gewissenhafte und fürsorgliche Person. Ihre Art der Nächstenliebe und Hilfsbereitschaft äußerte sich in besonderer Form, als ich ungefähr fünf Jahre alt war. Mein Bruder sagte eines Tages, er brauche zwei Brötchen für seine Brotzeit, woraufhin meine Mutter sich bei ihm erkundigte, was er denn mit dem zweiten Brötchen machen würde. Er meinte, dieses wäre für Albert, einen Bekannten aus unserem Quartier, den er ab und zu auf der Straße traf. Es stellte sich dann heraus, dass Albert, er war damals ungefähr 35 Jahre alt und leicht geistig behindert, mit seiner Mutter in einer kleinen Einzimmerwohnung wohnte, sein Vater lebte in einer psychiatrischen Anstalt. Albert war zwar selbstständig, arbeitete und kochte, aber ihm fehlten neben seiner Mutter, die mehr oder weniger den ganzen Tag außer Haus war, die sozialen Kontakte.

Meine Mutter meinte daraufhin, er solle Albert doch einmal zum Kaffee einladen, was mein Bruder dann bei nächster Gelegenheit auch tat. Kurze Zeit später starb Alberts Mutter. Sein Schicksal berührte meine Mutter sehr, sie forderte meinen Bruder auf, ihn doch einmal zum Essen mitzubringen. Albert kam dann öfter vorbei und aß mit uns. Ich kann mich noch gut erinnern, dass es eines Abends mein absolutes Lieblingsessen gab – Grießknödel mit Apfelmus. Es gab nichts, was ich lieber mochte. Albert saß mit am Tisch und wurde von meiner Mutter aufgefordert, sich zu bedienen. Er brachte viel Appetit mit und leerte auf Anhieb die halbe Pfanne. Ich war am Boden zerstört und weinte, weil ich befürchtete, dass für mich nichts mehr übrig bleiben würde. Meine Mutter zog daraus die Konsequenzen: Es war glücklicherweise das letzte Mal, dass sich Albert selbst bediente.

Später luden ihn meine Eltern zu den Geburtstagen ein, mit der Zeit auch zu Weihnachten. Ein Weihnachtsfest ohne Albert war nach ein paar Jahren schon gar nicht mehr denkbar, er gehörte einfach zur Familie. Damals spielte man in der heimischen Liga an Weihnachten noch Fußball. Eines Jahres, als ich mit meinem Vater gegen 14.00 Uhr Richtung Stadion aufbrach, saß Albert bereits am Tisch und aß eine Orange. Als wir dann gegen 17.00 Uhr zurückkamen, saß Albert immer noch am Tisch und aß eine Mandarine. Wenn er Dienstagsabend bis um 19.03 Uhr noch nicht bei uns geklingelt hatte, fragte ich oder jemand anderes bereits, wo er denn blieb. Ein Leben ohne ihn wäre bald unvorstellbar gewesen.

Obwohl Albert arbeitete und auch ein kleines Gehalt bekam, hatte er nie Geld. Er verprasste fast alles, was er hatte, umgehend, indem er sich ständig Schallplatten kaufte. Er war ein großer Musikliebhaber und konnte der Verlockung von neuen Platten einfach nicht widerstehen. Meine Mutter rügte ihn dann öfter und belehrte ihn, dass es so nicht gehe und er sein Geld besser für sinnvollere Dinge ausgeben solle. Jahre später, als ich selbst schon erwachsen war, brachte ich ihn öfter mal mit dem Auto nach Hause. Er forderte mich dann fast immer auf, noch mit nach oben zu kommen, um dort dann seinen Plattenschrank zu öffnen und mir voller Freude seine neuesten Errungenschaften zu zeigen. Immer mit der Aufforderung: »Aber Gilbert, erzähl es auf keinen Fall deiner Mutter.«

Albert kam irgendwann auch außerhalb von Geburts- oder Festtagen regelmäßig zu uns. Er wurde Anfang der Achtzigerjahre krank und lebte dann in einem Heim für betagte Menschen in Strasbourg. Ich besuchte ihn, wann immer ich konnte. Er starb schließlich 1986, wir waren gerade mit Xamax im Europacup und sollten an dem Tag, an dem mich die traurige Nachricht erreichte, nach Madrid fliegen, um unsere nächsten Gegner zu beobachten. Ich hatte leider keine Möglichkeit, rechtzeitig zu seinem Begräbnis nach Strasbourg zu kommen.

Meine Frau ging mit meiner Schwägerin zu seiner Beerdigung. Als ich sie nach der Beisetzung das nächste Mal sah, war sie sehr traurig. Sie erzählte mir, die Kirche wäre völlig leer gewesen, außer ihr und meiner Schwägerin waren nur noch eine weitere Frau und der Pfarrer da. Diese leere Kirche und die drückende Einsamkeit beim Begräbnis ist bis heute für meine Frau eine sehr traurige Erinnerung. Außer unserer Familie hatte Albert zeitlebens niemanden.

Aber es war nicht nur Albert, um den sich meine Mutter gekümmert hat. Als ich ungefähr 18 Jahre alt war, wohnte uns gegenüber eine Familie mit zehn Kindern. Das jüngste Kind war stark geistig behindert, sein Name war Gustl. Er war vielleicht 15 Jahre alt und hatte Brüder in meinem Alter, mit denen ich öfter Fußball gespielt hatte. Sein Vater war früh gestorben, er hatte bei der Bahn gearbeitet und wurde bei einem tragischen Unfall zwischen zwei Züge eingeklemmt und zerquetscht.

Gustl konnte kaum laufen und auch nicht sprechen und wurde, da seine Mutter den ganzen Tag über auf dem Markt arbeitete, von seiner ältesten Schwester aufgezogen. Er saß oft ganz allein draußen im Sand und vegetierte mehr oder weniger vor sich hin. Wir nahmen ihn öfter mal mit zum Fußball und hoben ihn dazu in eine Schubkarre, mit der wir ihn dann zum Trainingsplatz gestoßen haben. Dort setzten wir ihn hinters Tor und er schaute uns beim Spielen zu.

Nach und nach zogen aber die Geschwister zu Hause aus und zuletzt waren nur noch Gustl und seine Mutter übrig. Die konnte nicht gleichzeitig arbeiten und ihren Sohn betreuen, daher klagte sie meiner Mutter, sie habe keine Ahnung, wie sie das mit Gustl machen solle, jetzt, wo alle ihre anderen Kinder nicht mehr zu Hause wohnten. Sie hat zwar nicht direkt danach gefragt, aber es war klar, dass sie hoffte, meine Mutter würde sich um ihn kümmern. Was sie dann auch tat, das war für sie letztlich keine Frage. Sie nahm ihn natürlich mit in unsere Wohnung, sie hätte ihn niemals allein draußen gelassen. Sie hat auch viel mit ihm gesprochen und er lernte im Laufe der Zeit sogar einige Worte. Hätte er von Geburt an mehr Förderung und Aufmerksamkeit erfahren, hätte er bestimmt auch viel besser laufen und sprechen können.

Gustl gefiel es natürlich sehr gut bei uns, weil man sich um ihn gekümmert und ihn in unseren Alltag mit einbezogen hat. Ich kann mich erinnern, dass ihn seine Mutter eines Abends abholen wollte und er sich mit Händen und Füßen dagegen gewehrt hat. Er war etwas übergewichtig und hatte nicht wenig Kraft. Er legte sich auf den Boden und wand und sträubte sich mitzugehen. Einer seiner Brüder, mein Vater und ich mussten ihn zu dritt auf die andere Straßenseite tragen. Meine Mutter hat sich dann einige Jahre die Woche über von Montag bis Freitag um ihn gekümmert.

Wenn man von klein auf mit behinderten Menschen zu tun hat, sieht man diese automatisch in einem anderen Licht. Ich habe es immer als völlig normal empfunden, dass Albert und Gustl bei uns zu Hause waren, und dass sich meine Mutter so aufopfernd um sie gekümmert hat. Erst als Erwachsener habe ich realisiert, welche außerordentliche Hingabe und Großzügigkeit meine Mutter bewiesen hat und wie anstrengend für sie zeitweise der Alltag gewesen sein muss. Folgende Frage habe ich mir bis heute schon öfter gestellt: Was würde ich tun, wenn in meinem Umfeld jemand wäre, der niemanden hat, nirgendwo hinkann und auch noch psychisch, im schlimmsten Fall zusätzlich auch noch körperlich, gehandicapt ist? Ich kann die Frage nicht abschließend beantworten. Ich zolle meiner Mutter dafür den allerhöchsten Respekt. Ihr allein verdanke ich es, dass ich heute gern Zeit mit Leuten mit geistiger Behinderung verbringe und die Begegnungen mit diesen Menschen als große Bereicherung in meinem Leben betrachte.

Diese Erfahrungen in meiner Kindheit und Jugendzeit führte später, während meiner Zeit als Schweizer Nationaltrainer, auch dazu, dass ich eine Gruppe geistig behinderter Fußballer seit vielen Jahren unterstütze: Den FC Traktor aus Strengelbach. Das Sekretariat des Schweizerischen Fußballverbandes erreichte 1999 eine Anfrage, ob ich bereit wäre, einen Tag mit den Spielern und Betreuern des FC Traktor zu verbringen und die Mannschaft ein bisschen zu trainieren. Der damalige Presseverantwortliche Pierre Benoit reichte mir die Anfrage weiter und dachte sich wohl, dass ich dazu eher keine Zeit finden würde. Doch sofort als ich das hörte, sagte ich zu ihm: »Stopp – das interessiert mich!«

Ich nahm dann schnell Kontakt auf und vereinbarte mit dem Trainer, Herrn Moll, einen Termin für einen Überraschungsbesuch. Just an dem genannten Tag war ich das zweite Mal in meinem Leben krank, ich wurde von Fieber und einer starken Erkältung geplagt. Trotzdem war der Tag sehr schön. Die Spieler freuten sich unglaublich über meinen Besuch und gaben sich auf dem Platz sehr viel Mühe, mich zu beeindrucken. Seither pflegen wir einen wunderbaren Kontakt und treffen uns ein bis zwei Mal pro Jahr zum Essen oder anlässlich des einen oder anderen Fußballturniers.

Trotz aller schönen und unbeschwerten Momente habe ich auch ein bis zwei sehr traurige Augenblicke bei diesen Menschen erlebt. Vor ungefähr drei Jahren feierten wir das 20-jährige Jubiläum des FC Traktor und mein zehnjähriges Mitwirken. Kurz zuvor war leider ein Spieler gestorben und wir legten zu seinen Ehren eine Schweigeminute ein. Das war einer der berührendsten Momente, die ich bisher erlebt habe. Die Traurigkeit und die Tränen in den Gesichtern, die sonst immer so fröhlich und unbeschwert wirkten, machten mich tief betroffen.

Letztes Jahr waren wir gemeinsam bei einem Essen, meine Frau war auch dabei, und erfuhren, dass von einem der Spieler vor einigen Wochen die Mutter gestorben war. Er saß neben meiner Frau und war – gezeichnet von Traurigkeit, Wut und Verbitterung – nicht wiederzuerkennen. Ich kannte ihn seit 15 Jahren und ich fand es sehr traurig zu sehen, wie er mit dieser neuen, sehr harten Situation überfordert war und sich damit nicht abfinden konnte. Die wichtigste

Bezugsperson im Leben zu verlieren ist gerade für hochsensible Menschen wie geistig Behinderte eine unglaubliche Bürde.

Natürlich überwiegen aber die positiven Ereignisse und es gab unglaublich viele lustige Momente, die wir gemeinsam erlebt haben. Einer aus der Gruppe namens Andi beispielsweise kam zu jedem Essen explizit nur mit weißem Hemd und Krawatte. Und zwar stets und absichtlich immer fünf Minuten zu spät. Er kam immer als Letzter und wollte damit auf seine extravagante Garderobe aufmerksam machen. Auf sämtlichen Fotos von unseren gemeinsamen Essen trägt er seine Krawatte.

Heute machen es ihm ein paar andere nach, aber er war lange Zeit der Einzige und genoss die Aufmerksamkeit, die ihm dadurch geschenkt wurde. Es ist für diese Menschen wichtig, ein Selbstwertgefühl zu haben und dieses auch bestätigt zu bekommen. Wenn jemand aus der Gruppe mich fragt, ob ich mit ihm einen Kaffee trinken gehe, dann ist es selbstverständlich, dass ich das auch mache. Würde ich das ablehnen, würde es denjenigen sehr enttäuschen. Natürlich erkläre ich mich dazu bereit, zumal ich an dem anschließenden Plausch genau dieselbe Freude habe wie mein Gegenüber.

Mit dem FC Traktor verbindet mich eine ganz besondere Beziehung. Meine Frau und ich freuen uns jedes Mal, wenn wir in Strengelbach haltmachen.

Ich engagiere mich seit einigen Jahren auch bei der Organisation Insieme, die sich um geistig behinderte Menschen und deren Familien kümmert, sowie PluSport, der Dachorganisation des Schweizer Behindertensports. Das sind beides wunderbare Institutionen, die generell viel mehr Gehör finden sollten, deshalb biete ich, wo immer ich kann, meine Unterstützung an. Jeder kann etwas tun, egal ob er wie ich in der Öffentlichkeit steht oder nicht. Diese Menschen werten allesamt nicht nach Prominenz oder anderen oberflächlichen Eigenschaften, sondern freuen sich darüber, wenn sie akzeptiert, ernst genommen und warmherzig behandelt werden.

Der Sprung ins Profigeschäft

Wie schnell ein Traum von einer Fußballkarriere ausgeträumt sein kann, musste ich im Alter von 13 Jahren erfahren. Im Vorprogramm eines Meisterschaftsspiels von Racing Strasbourg an einem Sonntag sollten wir Junioren im Stadion Meinau gegen Red Star Strasbourg antreten. Ein wichtiges Spiel, bei dem ich mich natürlich in guter Form präsentieren wollte. Am Donnerstag vorher hatte ich eine Routineuntersuchung beim Arzt meines Arbeitgebers. Puls messen, Herz abhören, das ganz normale Programm. Am Gesichtsausdruck des Doktors konnte ich erkennen, dass irgendetwas nicht stimmte. Er sah mich an und fragte: »Treiben Sie Sport?« Ich bejahte natürlich umgehend und berichtete, dass ich Nachwuchsspieler bei Racing sei und demnach Fußball spielen würde. Die nun folgende Bemerkung des Doktors ließ mir das Blut in den Adern gefrieren. Er sagte: »Sie müssen umgehend damit aufhören – Sie haben einen Herzfehler!«

Für einen Moment war ich wie erstarrt. Tausend Gedanken gingen mir durch den Kopf, ich konnte es einfach nicht glauben. Ich hatte mich stets gut gefühlt, sei es im Alltag, im Training oder während eines Spiels. Nie hatte ich gesundheitliche Probleme, meinem subjektiven Körpergefühl nach zu urteilen, war ich kerngesund und topfit. Entsprechend schockiert war ich dann natürlich von dieser niederschmetternden Diagnose. Der Doktor schickte mich schließlich, um sicherzugehen, zu einem Spezialisten, einem Kardiologen. Entgegen meiner Hoffnung, dieser würde die Diagnose des Hausarztes widerlegen oder zumindest relativieren, sagte dieser zu meinem Vater: »Ihr Sohn muss aufhören, Fußball zu spielen, er hat definitiv einen Herzfehler.«

Diese zweite Meinung war das Gegenteil von dem, was ich mir erhofft hatte, aber ich wollte mich auch jetzt nicht damit abfinden. Zu sehr liebte ich den Fußball, zu ehrgeizig war ich, um das einfach so hinzunehmen. Für mich war es absolut undenkbar, bei dem wichtigen Spiel gegen Red Star am Sonntag im Vorprogramm von Racing nicht mitzuspielen. Es würden Tausende von Leuten da sein, vor so einer Kulisse zu spielen war der Traum eines jeden jungen Fußballers. Mein Vater hat mir schließlich – nicht ohne Sorge – erlaubt weiterzumachen, wofür ich ihm sehr dankbar war. Er wusste, wie sehr ich mich auf dieses Spiel gefreut hatte, schließlich spielte man als 13-Jähriger nicht jeden Tag vor über 10 000 Zuschauern. Also habe ich gespielt und wir gewannen souverän mit 3:0. Es hat sich für alle Seiten ausgezahlt, dass ich auf dieses Spiel keinesfalls verzichten wollte – ich habe alle drei Tore geschossen.

Weder vor noch nach den beiden Untersuchungen mit der für mich unerklärlichen Diagnose bemerkte ich die geringsten Anzeichen, dass etwas nicht in Ordnung sein könnte. Der Mannschaftsarzt von Racing Strasbourg hat diese Diagnose nie gestellt, woran ich mich damals stark orientiert habe. Ich wusste nicht, ob er das übersehen oder schlichtweg als nicht gefährlich eingestuft hat. Bei sämtlichen Medizinchecks wurde keine Beeinträchtigung festgestellt, allerdings verschwieg ich die Angelegenheit bewusst, was mich fortan sehr belastete.

Erst während eines Medizinchecks in der französischen Junioren-Auswahl vier Jahre später beim INS (Nationales Sport Institut) in Paris konnte ich das alles nicht mehr länger mit mir herumschleppen und vertraute mich dem zuständigen Arzt an. Das Verschweigen dieser wichtigen Angelegenheit hatte mich jahrelang belastet und mir einige schlaflose Nächte vor den obligatorischen Doktorbesuchen bereitet. Als mir dann von dem Arzt attestiert wurde, ein sogenanntes Sportlerherz zu haben (ein leicht vergrößertes Herz, bei Spitzensportlern durch die größere Trainingsbelastung durchaus üblich und nach heutigem Ermessen medizinisch völlig unbedenklich), das für meinen tiefen Herzschlag verantwortlich war, fiel eine Zentnerlast von meinen Schultern. Der Arzt meinte etwas sarkastisch, ich würde definitiv nicht an einem Herzinfarkt sterben. Es fühlte sich fast wie eine Wiedergeburt an – ich war einfach glücklich, dass diese Last von mir abgefallen war. Damals war die Medizin in vielen Bereichen noch nicht so weit wie heute und hätte ich nicht auf mein Gefühl gehört, hätte mein Leben wohl einen ganz anderen Verlauf genommen.

Die heutige Medizin, gerade auch im Spitzensport, ist Fluch und Segen zugleich. Ein Segen, weil man schwere Krankheiten oder Anomalien frühzeitig erkennen und behandeln kann. Im Sport kann die punktgenaue Diagnose aber in bestimmten Fällen auch viel Elend bedeuten. Nämlich dann, wenn man sich, wie ich damals, kerngesund fühlt, die Diagnose aber etwas ganz anderes sagt. Zu meiner Zeit konnte man beispielsweise Handicaps wie Knorpelschäden, sofern sie einen nicht behinderten, nicht klar erkennen. Daher wäre das auch nie ein Grund gewesen, bei einem Verein nicht oder nur zu sehr viel schlechteren Konditionen genommen zu werden. Heute stellen Sportmediziner jede noch so kleine Beeinträchtigung im Körper fest, die unter Umständen, rein leistungstechnisch betrachtet, während der ganzen Karriere nie ein Problem darstellen würden. Trotzdem sind die Konsequenzen dann oft fatal: Die Vereine verzichten auf die Verpflichtung dieser Spieler.

1957 war ich Kapitän einer Elsässer U17-Junioren-Auswahl, mit der ich mich in einem Vorbereitungstrainingslager auf den nationalen Regionen-Cup vorbereitete. Wir verbrachten das Wochenende im CREPS, einem regionalen Sportleistungszentrum in Strasbourg. Der damalige Auswahltrainer hieß Paul Frantz, der später auch mein Coach bei Racing Strasbourg werden sollte. Teil dieser Auswahl an

Talenten zu sein, die später im nationalen Profifußball Fuß fassen sollten, war eine schöne Auszeichnung. Wenn man es hier schaffte, auf sich aufmerksam zu machen, war das schon ein wichtiger Schritt. Natürlich hatte ich mir viel vorgenommen und wollte mich von meiner besten Seite zeigen. Dieses Turnier sollte für mich allerdings nicht nach Wunsch laufen. Einer der Ersatzspieler kam nach einer Trainingseinheit auf mich zu und sagte: »Gilbert, mach dir keine Hoffnungen – Trainer Frantz wird dich fürs erste Spiel gegen die Region Nord nicht aufstellen.« Er hatte eine Unterhaltung zwischen Verbandsfunktionären auf der Tribüne mit angehört und sollte leider recht behalten. Ich wurde für dieses Spiel definitiv nicht berücksichtigt. Trainer Frantz teilte mir kurz vor dem Spiel mit, dass ich nicht spielen werde. Die Auswahl verlor sang- und klanglos mit 0:2. Das war meine erste große Enttäuschung im Fußball. Weil Leute aus Profivereinen bei dem Vorstand des Elsässischen Fußballverbandes nicht gern gesehen waren, wurde ich zum Opfer.

Dieses negative Erlebnis hat mir aber sportlich gesehen nicht wirklich geschadet. Im Gegenteil: Nur einige Monate später war ich einer der besten Spieler in der französischen Junioren-Nationalmannschaft. Und das, obwohl mich derselbe Elsässische Fußballverband zuvor nicht für die nationale Auswahl nominiert hatte. Der Verband behauptete, ich hätte nicht das Potenzial. Erst nach energischem Protest zweier Jugendkoordinatoren von Racing beim französischen

Fußballverband, bekam ich die Gelegenheit, in der Vorselektion zu landen. Ich war übrigens nachher der einzige Jugend-Nationalspieler aus dem Elsass. Ich bin den beiden für ihre Intervention zeitlebens dankbar.

Kurz darauf spielte ich mit der französischen Junioren-Nationalmannschaft ein UEFA-Jugendturnier in Österreich und weckte dabei das Interesse des französischen Ligue 1-Vereins Stade de Reims, der damals eine der stärksten Mannschaften in Europa stellte. Das Präsidium von Reims wollte mich verpflichten und ging eines Tages auf den damaligen Präsidenten von Racing Strasbourg zu, um ihr Anliegen vorzutragen. Der Präsident allerdings winkte sofort ab und meinte, dass sie mich dringend bräuchten und auf keinen Fall ziehen lassen würden. Die Reaktion der Reims-Delegation war Warnung und guter Rat zugleich: Racing sollte auf Spieler wie mich gut aufpassen, da der Club bekannt dafür war, gute junge Leute ohne große Gegenwehr ziehen zu lassen. Wenn man die Geschichte von Racing wie ich fast ein Leben lang sehr genau beobachtet hat, kommt man zu genau diesem Schluss: Die besten Spieler konnten nie langfristig gebunden werden und verließen den Club nach viel zu kurzer Zeit.

Ich ging damals mit Freunden regelmäßig ins Schwimmbad ins benachbarte Kehl, das auf der anderen Rheinseite liegt und nur ein Katzensprung entfernt ist. Die Rheinbrücke zwischen Kehl und Strasbourg bildet die Grenze zwischen Deutschland und Frankreich. Der große Vorteil, den das Schwimmbad gegenüber dem einzigen Bad in Strasbourg bot, war, dass man dort auf der einen Seite des Beckens auch Fußballspielen konnte. Im eher konservativen Frankreich war das damals undenkbar. So kam es, dass wir dort mit einer Elsässer Mannschaft gegen eine deutsche Auswahl antraten und richtige Länderkämpfe mit acht gegen acht Mann austrugen. Es ging wirklich gehörig zur Sache, das Spiel wurde von beiden Seiten ernst genommen. Ich erinnere mich, dass sich einmal ein Mannschaftskollege während einer Partie relativ schwer verletzt hatte. Er blutete stark und musste ins Krankenhaus gebracht werden.

Fünfzehn Jahre später sprach mich plötzlich jemand auf der Straße in Strasbourg an und fragte: »Herr Gress, erkennen Sie mich noch? Wir haben damals in Kehl zusammen Fußball gegen die Deutschen gespielt. Ich war derjenige, der geblutet hat.« Selbst heute, wenn ich in Kehl bin, werde ich ab und zu noch von Leuten auf die »Länderspiele« Deutschland gegen Frankreich im Schwimmbad angesprochen. Irgendwie muss das einen bleibenden Eindruck hinterlassen haben. Auch bei mir, aber nicht nur wegen der tollen Fußballspiele, sondern weil ich dort meine Frau Béatrice kennengelernt habe.

Ich sah bei den Spielen öfter zwei hübsche Mädchen, Béatrice und ihre Freundin, die mich bereits kannte. Ich stand damals kurz vor der Unterschrift meines ersten Profivertrages, was die Freundin von Béatrice wusste, sie aber nicht. Wir kamen nach und nach ins Gespräch und ich teilte ihr mit, dass ich am morgigen Tag ebenfalls wieder hier sein würde. Sie war damals fünfzehn Jahre alt und hätte am nächsten Tag eigentlich wieder zur Schule gehen sollen. Zu meiner Überraschung war sie dann aber trotzdem da – sie hatte sich entschieden, die Schule zu schwänzen, damit wir uns treffen und weiter unterhalten konnten. Natürlich hat sie ihren Eltern nichts davon erzählt. Ihr Vater hatte damals in keinster Weise irgendein Interesse am Fußball. Im Gegenteil, er hatte eine klare Antihaltung: Das Ganze mutete für ihn völlig daneben an. Zwanzig Leute, die einem Ball nachrennen, um diesen in ein Tor zu befördern, war für ihn irgendwie sinnlos.

Als ich Béatrice und später natürlich auch ihre Eltern näher kennenlernte, änderte er seine Meinung rasch. Er kam irgendwann einmal zu dem einen oder anderen Spiel, dann auf einmal öfter und zuletzt, als er in den Ruhestand ging, kam er schließlich sogar schon zu den Trainings. Er entwickelte sich zu einem sehr passionierten Fan.

Meinen ersten Profivertrag bei Racing Strasbourg, die damals in der zweiten Liga spielten, handelte ich schließlich im Sommer 1960 im Alter von 18 Jahren mit dem damaligen Racing-Sportdirektor Joseph Heckel aus. Der zur neuen Saison verpflichtete Trainer Emile Veinante, der früher schon Coach in Strasbourg war, holte viele Jungtalente wie

Hausser, Isel, Helbringer und Merschel zum Verein. Mit der neu geschaffenen Qualität gelang dann auch der sofortige Wiederaufstieg in die erste französische Liga.

Vom Training in den Krieg

Leider konnte ich meine erste Profisaison nicht beenden, ich wurde im Mai 1961 in die Armee eingezogen und landete in einem Sportler-Bataillon in Joinville nahe Paris. Hier landeten vorwiegend Sportler, die parallel zum Militärdienst ihrem Sport weiter nachgehen konnten. Dazu wurde man jeweils von Freitagabend bis Montagmorgen frei-gestellt.

Ich musste mich an einem Mittwochmorgen dort einfinden und reiste über Nacht mit dem Zug von Strasbourg nach Paris. Vor der Abreise sagte ich zu meiner Frau Béatrice (wir waren damals noch nicht verheiratet), ich würde bereits am Freitag wiederkommen, da bekäme ich meine erste »Permission«. Ein weiterer Kollege aus Strasbourg, der Torhüter Johnny Schuth, war ebenfalls dabei. Wir kamen schließlich nach circa sechsstündiger Zugfahrt in Paris an und machten uns auf den Weg zur Kaserne. Dort fassten wir unsere Kleidung und alles weitere Material und wurden sogleich darüber informiert, dass wir am nächsten Tag den Zug nach Marseille nehmen sollten, um am Freitag mit dem Schiff nach Algerien zu fahren. Ich war fassungslos und konnte es nicht glauben: Von heute auf morgen ohne irgendwelche Vorzeichen sollte ich praktisch direkt vom Profitraining in Strasbourg in den Krieg nach Algerien ziehen!

Der Konflikt in Algerien war 1954 aus einer Unabhängigkeitsbewegung in dem nordafrikanischen Land, das seit Mitte des 19. Jahrhunderts französische Kolonie war, entstanden und dauerte acht lange Jahre. Niemand wollte freiwillig dorthin, ich schon allein aus dem Grund nicht, weil ich logischerweise mit allen Mitteln meine Karriere als Fußballprofi weiter forcieren wollte. Außerdem gibt es für einen 19-Jährigen wesentlich erfreulichere Ereignisse, als in den Krieg zu ziehen. Die Stationierung in Algerien bedeutete, dass ich monatelang nicht trainieren und in der Zeit auch keine Spiele bestreiten konnte.

Von heute auf morgen änderten sich die Voraussetzungen für eine erfolgreiche Profikarriere von »sehr gut« zu »fast hoffnungslos«. Derselbe Film lief in mir ab, wie damals nach der Hiobsbotschaft, einen Herzfehler zu haben. Nur hatte ich es diesmal bereits geschafft, ich blickte in eine gute Zukunft und hatte viel zu verlieren. Ich musste früh entdecken, wie schnell sich Umstände gegen einen wenden und Träume jäh zerplatzen können. Dasselbe Schicksal erlitt übrigens auch der französische Skirennläufer und spätere mehrmalige Olympiasieger und Weltmeister Jean-Claude Killy. Er war zur selben Zeit in Algerien wie ich und im gleichen Bataillon stationiert.

In Marseille, betraten wir das Schiff, das uns nach Algerien bringen sollte. Ich erinnere mich, als ob es gestern gewesen wäre, an ein Lied, das während des Auslaufens aus dem Hafen lief: Weiße Rosen aus Athen von Nana Mouskouri. Das Stück hat sich in meinem Kopf eingebrannt und wann immer ich es heute irgendwo höre, erinnert es mich an die unliebsame Zeit, die ich in Algerien verbringen musste.

Angekommen in Nordafrika, mussten wir sofort unsere Grundausbildung absolvieren, zu der auch ein entsprechendes Schusswaffentraining gehörte. Die Grundausbildung dauerte zehn Wochen und brachte uns den Rang eines Sergeanten ein.

Nach unserer Ausbildung kamen wir schließlich in der Bestimmungskaserne an, die in verschiedene kleinere Camps unterteilt war. Schnell fand ich heraus, dass Sonntagmorgen jeweils Fußballspiele gegen algerische Mannschaften stattfanden. Da wollte und musste ich natürlich dabei sein, ohne Fußball ging bei mir nichts, außerdem musste ich ja dafür sorgen, dass ich körperlich auf einem guten Level war, wenn ich wieder nach Joinville zurückkehrte. Wir hatten einen Kommandanten, der Fußball mochte – alle anderen waren eifersüchtig auf uns jungen Spieler, weil wir bereits Profis waren.

Ich wurde allerdings zu meinem Leidwesen genau am Sonntagmorgen von 8.00 bis 10.00 Uhr zum Wachdienst eingeteilt, was bedeutete, dass ich theoretisch nicht an den Fußballspielen teilnehmen konnte. Irgendwie musste ich also einen Weg finden, die Zeit vorzuholen, damit ich am

Sonntagvormittag nicht auf die Wache musste. Ich übernahm dann jeweils eine Doppelschicht von langen vier Stunden in der Nacht und ein Kollege, der nicht Fußball spielte, schob die zwei Schichten für mich am Sonntag-morgen.

Besonders der nächtliche Wachdienst war nicht sehr beliebt, man absolvierte diesen in einem Camp ungefähr 20 km entfernt von unserer Basis. Da draußen herrschte Einsamkeit und Unsicherheit, es war nie absehbar, was dort alles passieren konnte. Ich nahm das aber in Kauf, es war schlichtweg die einzige Möglichkeit, wieder ein bisschen Fußball zu spielen. Glücklicherweise ist auch nie etwas Erwähnenswertes vorgefallen.

Insgesamt war ich zwei Mal von Mai bis September in Algerien stationiert und leistete dazwischen meinen Militärdienst im Sportbataillon Joinville in Paris weiter ab. Der Aufenthalt in Algerien verlief für mich Gott sei Dank ohne Kampfhandlungen. Es hätte auch anders sein können, ich habe in dieser Zeit leider zwei Kollegen verloren. Es war ein hart geführter Krieg auf beiden Seiten, der erst 1962 mit der Unabhängigkeit von Algerien endete. Ich konnte, obwohl ich auf der anderen Seite stand, gut nachvollziehen, dass sich das Land und die Leute der Kolonialisierung entziehen und autonom leben wollten.

Beim Abzug der französischen Truppen blieben die algerischen Antiwiderstandskämpfer, die Frankreich während des Konflikts unterstützt hatten, natürlich größtenteils im Land zurück. Nicht wenige wurden anschließend politisch verfolgt und getötet. Daran muss ich heute noch öfter denken.

Immer noch im Militärdienst, allerdings zurück in Joinville, hatte ich dann wieder die Möglichkeit, bei Racing zu spielen. Das Problem war aber, dass mich der neue Trainer, Robert Jonquet, nicht einsetzen wollte, weil ich nicht in Strasbourg beim Training mitmachen konnte. Dem Club stand zu der Zeit sportlich gesehen das Wasser bis zum Hals, es reihten sich Niederlagen an Niederlagen und man holte kaum Punkte. Dementsprechend war man weit unten in der Tabelle klassiert und es zeichnete sich kein Gegentrend ab.

Ich war natürlich sauer, dass ich der Mannschaft nicht helfen konnte, doch der Trainer hatte seine Prinzipien, was mich anbelangte, und dagegen war kein Kraut gewachsen. Ich konnte nicht nachvollziehen, weshalb Jonquet mich nicht aufstellte. Ich war in Form, trainierte gut in Joinville und jeder wusste um meine Stärken. Nur weil ich nicht vor Ort in Strasbourg mittrainieren konnte, stellte er mich einfach nicht auf. Jonquet war selbst Profi während der großen Zeit von Stade De Reims und zu seiner aktiven Zeit unter anderem Libero in der französischen Nationalmannschaft bei der WM 1958 gewesen. Wir hatten 1960 sogar noch ein Jahr bei Racing zusammengespielt, wir waren uns also alles andere als fremd. Er kannte mich auch aus früheren Beobachtungen von Spielen mit der Junioren-Nationalmannschaft und war sehr begeistert von mir. Bereits zu der Zeit, als wir zusammenspielten, lobte er mich oft über den grünen Klee und attestierte mir, ein Riesentalent zu sein. Jetzt schien er seine Haltung mir gegenüber komplett geändert zu haben. Jonquet war zweifelsfrei ein großer Spieler und menschlich gesehen ein Gentleman, aber als Trainer war er einer von nicht wenigen, die ich nicht besonders gut fand.

Am Abend gingen wir jeweils nach getanem Dienst in Joinville essen. Eines Abends saß ich mit einem Kollegen aus Rouen, der wie ich das Problem hatte, aufgrund seines Militärdienstes nicht spielen zu können und Alain Cornu, der damals bei Nizza unter Vertrag war, an einem Tisch. Cornu hatte nicht dasselbe Problem wie wir, er spielte trotz seiner Absenzen regelmäßig im Club und prahlte gern damit. Hämisch sagte er: »Wenn ich euch wäre, würde ich mir ernsthaft überlegen, den Beruf zu wechseln. Ihr habt doch im Fußball keine Zukunft mehr.« Ich empfand die Schadenfreude eines Kollegen, der selbst am besten hätte nachvollziehen müssen, wie schwer diese Situation für uns war, äußerst unangebracht.

An einem Dienstagmorgen kam dann plötzlich der Adjutant während eines Waldlaufs auf mich zu und teilte mir mit, dass ich von Racing ein Aufgebot für das Nachholspiel in Marseille erhalten hätte, das am Donnerstag um 12.00 Uhr stattfinden sollte. Ich war völlig überrascht: Seit mehr als einem Jahr hatte ich nicht mehr gespielt, der Trainer ignorierte mich nachhaltig und plötzlich, von heute auf morgen, war ich wieder im Aufgebot? Im Nachhinein stellte sich heraus, dass der neue Präsident, Joseph Heintz, wegen der Negativserie der Mannschaft Druck auf Jonquet ausgeübt hatte, mich wieder ins Team zu holen.

Ich nahm den Zug nach Marseille und wurde zur selben Zeit von einer fiebrigen Grippe erfasst. Ein denkbar schlechter Zeitpunkt und kein gutes Omen. Ich musste diese Chance aber nutzen und versuchte, mich davon nicht beeindrucken zu lassen. Das Spiel gegen Marseille war ein sogenanntes Schicksalsspiel. Genau wie Racing, befand sich auch der Gegner in einer sportlichen Krise und die Medien titelten, dass der Trainer, der verliert, fliegen würde. Wir gewannen die Begegnung mit 3:1, ich schoss ein Tor und bereitete zudem ein weiteres vor.

Die große Pointe an der Geschichte war, dass ausgerechnet ich, vorher ausgemustert und nicht beachtet, mit meiner Leistung Jonquets Kopf gerettet hatte. Die Schlagzeilen nach dem Spiel ließen dann nicht lange auf sich warten: »Jonquet entdeckt Gilbert Gress«, hieß es in diversen Gazetten. Darüber ärgerte ich mich natürlich, es war schlichtweg nicht der Fall. Ohne Druck des Präsidenten hätte Jonquet mich gar nicht aufgestellt. Zudem ließ er ständig Leute spielen, die kein Niveau hatten. Aber ich schwieg zu dem Thema. Für mich war es primär wichtig, dass ich mich zurück ins Team spielte und dort blieb. Seit diesem Tag war ich bis meinem Wechsel nach Stuttgart Stammspieler bei Racing.

Ein paar Wochen später, im Februar, war Nizza bei uns im Meinau-Stadion bei sehr winterlichen Bedingungen zu Gast. Mit dabei war auch ein gewisser Alain Cornu. Er hatte wohl nicht damit gerechnet, mich so bald auf dem Fußballplatz wiederzusehen. Nizza ging mit 0:7 baden, kassierte sechs Tore in 13 Minuten. Nach dem Spiel kam Cornu auf mich zu und gratulierte mir. Ich verkniff mir, mich zu revanchieren und ihm zu sagen: »Na, wer soll jetzt den Beruf wechseln?«, aber natürlich habe ich es mir gedacht. Ich spürte eine gewisse Genugtuung, seine großspurige Art in Joinville fand ich deplatziert und die Packung war die gerechte Strafe für seine Überheblichkeit.

Die Zeit in Joinville war für mich insgesamt gesehen sehr lehrreich. Ich lernte die besten Jungprofis Frankreichs aus den verschiedensten Clubs kennen. Einige Spieler wie Cornu waren arrogant und hielten sich für die Größten, was sie tagtäglich mit ihrem Verhalten unterstrichen. Andere Kollegen waren richtig gute Jungs, die sich nie verbogen haben und auch später nicht abhoben. Vor allem menschlich gesehen war es eine sehr interessante Phase. Ich habe viel Gutes und viel Schlechtes in dieser Zeit erlebt und daraus meine Lehren für meine Karriere als Fußballer und Trainer, insbesondere aber auch für mich als Mensch gezogen.

Le Racing Club

Fortan ging es karrieretechnisch steil bergauf: Ich spielte regelmäßig im Club, die Resultate wurden besser und ich landete auf dem Spickzettel von einigen (auch ausländischen) Vereinen. 1964 zeigte der VfB Stuttgart das erste Mal Interesse und erkundigte sich bei mir, ob ich zu haben sei. Zu der Zeit war in der Bundesliga nur ein Ausländer pro Mannschaft und Club erlaubt. Man durfte sich also durchaus geschmeichelt fühlen, wenn eine Anfrage von einem Bundesliga-Verein kam. Andererseits war es damals allerdings so, dass, wenn man in Frankreich als 18-Jähriger einen Profivertrag unterschrieb, man bis zu seinem 35. Lebensjahr an den Club gebunden war. Ohne Zustimmung des Präsidenten konnte man somit unmöglich den Verein wechseln. Heute gibt es viele Möglichkeiten und verschiedene finanzielle Aspekte, auch aus langfristigen Verträgen auszusteigen. Damals aber war es normal, dass in Frankreich ein guter Teil der Profis während der ganzen Karriere beim gleichen Verein spielen mussten. Sie waren daher auch finanziell gegenüber Ausländern im Club massiv im Nachteil.

Ich trug mein Anliegen, zum VfB Stuttgart zu wechseln, schließlich bei Präsident Joseph Heintz vor. Ein Wechsel in die Bundesliga wäre eine tolle Möglichkeit gewesen, mich sportlich weiterzuentwickeln. Herr Heintz allerdings wiegelte sofort ab und sagte: »Ausgeschlossen! Denken Sie, ich will, dass die Fans mir mein Haus abbrennen? Nicht für 500 000 Mark lass ich Sie gehen.« Das war in den Sechzigerjahren eine Menge Geld, der Wechsel hatte sich somit für mich, zumindest vorerst, erledigt.

Ich hatte zudem auch noch ein anderes wichtiges Ereignis vor mir: die Hochzeit mit Béatrice. Wir heirateten ein paar Wochen vor dem Saisonauftakt 1964/65, die für Racing eine besondere Spielzeit werden sollte. Wir feierten eine sehr schöne Hochzeit mit Familie und Freunden, unter anderem dabei war mein guter Jugendfreund Robert Wurtz.

In Strasbourg wurde, wie fast in jedem Jahr, auch 1964 wieder ein neuer Trainer installiert, mein vierter in vier Jahren und für mich ein alter Bekannter: Paul Frantz. Jener Paul Frantz, der mich damals in der Regionalauswahl nicht berücksichtigt und aufs Abstellgleis geschoben hatte. Frantz war im Profifußball ein unbeschriebenes Blatt und hatte bisher nur elsässische Amateurmannschaften trainiert. Ich war aber rasch von seinen Fähigkeiten als Trainer überzeugt. Das erste Mal in meiner Profikarriere erkannte ich ein klares Spielsystem und ein effizientes taktisches Konzept. Diese Komponenten hatten uns bisher gefehlt und ließen uns zu einer Topmannschaft reifen, die die nächsten zwei Jahre von sich reden machen würde.

Wir wurden zum Turnier Coup des Villes de Foires eingeladen, dem späteren UEFA Cup. Zwei Jahre zuvor spielte Strasbourg bereits in diesem Turnier, allerdings ohne mich, zu der Zeit war ich in Algerien, und kassierte zwei herbe Niederlagen gegen Budapest, eine sogar mit 2:10 Toren in Ungarn. Aufgrund dieser Tatsache wollte der Club zuerst gar nicht teilnehmen, änderte aber glücklicherweise kurz vor Ablauf der Meldefrist seine Meinung. In der ersten Runde trafen wir auf den großen AC Mailand, ein Club gespickt mit vielen Superstars wie Trapattoni, Maldini, Schnellinger, Amarildo (den ich unlängst beim Ballon d'Or 2014 in Zürich wieder traf) oder Rivera. Die Italiener, die 1963 den Europapokal der Landesmeister gewannen, hatten eine international erfahrene Mannschaft und waren damit klar in der Favoritenstellung. Während unseres offiziellen Essens zum Auftakt der neuen Saison lobte Präsident Heintz in einem Moment der Euphorie und Gönnerhaftigkeit eine Siegprämie von 1000 Francs – was fünfmal mehr war als in der normalen Meisterschaft – aus. Das war damals viel Geld. Der Präsident hatte wohl kaum damit gerechnet, dass er die Prämie später womöglich auszahlen muss.

Wir spielten zuerst zu Hause im Meinau Stadion und wurden vom Gegner während einer ganzen Halbzeit stark unter Druck gesetzt. Trotzdem konnten wir das Spiel mit 2:0 für uns entscheiden. Das Rückspiel verloren wir in Mailand zwar mit 0:1, die Qualifikation für die nächste

Runde hatten wir aber dank des Gesamt-Scores von 2:1 geschafft.

Das hat natürlich riesige Wellen geschlagen – nicht nur im Elsass oder in Frankreich, sondern in ganz Europa. Ein kleiner Provinzclub aus der französischen Liga gewinnt gegen ein italienisches Starensemble vom AC Mailand. Ein Moment, der uns eigentlich in Feststimmung versetzten sollte. Doch weit gefehlt: Niemand im Club hatte nur ansatzweise erwartet, dass wir uns gegen Mailand durchsetzen könnten. Demzufolge war nichts, aber auch gar nichts organisiert. Wir kamen im Hotel an, wo uns unser Präsident trocken mitteilte, dass in unseren Zimmern eine Flasche Wasser, ein Sandwich und ein Joghurt bereitstünden. So einen Moment erlebt man nur sehr selten in einer Fußballerkarriere, da sollte man den Augenblick auch entsprechend genießen können. Wir nahmen unsere Verpflegung aus den Hotelzimmern mit hinunter in den Speisesaal, damit wir den Abend zumindest gemeinsam ausklingen lassen konnten.

Das Spiel gegen Mailand sollte nicht das einzige gegen namentlich schwergewichtige Gegner in dieser Kampagne bleiben. Wir besiegten nacheinander den FC Basel und den FC Barcelona. Auch damals schon hatten die Katalanen Topspieler in ihren Reihen. Allen voran der ungarische Sturmtank Kocsis, den man ehrfürchtig »den goldenen Kopf« nannte. Er spielte mit dem damaligen Weltstar Puskas in der ungarischen Nationalelf und prägte zusammen mit diesem während der Fünfzigerjahre den europäischen Fußball in eindrücklicher Art und Weise. Er war beim legendären Finale Deutschland–Ungarn 1954 dabei. Wir spielten im Hin- und Rückspiel unentschieden, daraufhin musste ein Entscheidungsspiel folgen (Auswärtstore waren noch nicht ausschlaggebend) und dies wiederum in Barcelona. Zu damaliger Zeit normal, heute undenkbar: Da auch die dritte entscheidende Partie unentschieden nach Verlängerung endete, sorgte am Ende ein einfacher Münzwurf über Weiterkommen oder Ausscheiden. Mit dem besseren Ende für uns, wir hatten Glück und kamen weiter.

Heute, im Zeitalter der totalen kommerziellen Vermarktung des Fußballs, wäre ein einfacher Münzwurf nicht einmal mehr ansatzweise denkbar. Es hat sich ja seit der Einführung der Elfmeterschießen-Regel gezeigt, welch ein Spektakel und welche Dramaturgie das Duell Schütze gegen Torwart bietet.

Im Viertelfinale wartete der nächste Riese: Manchester United. Auch diese Truppe hatte unglaubliche Qualität mit Leuten wie Charlton, Best, Law und dem giftigen Stiles, mit dem ich es zu tun bekommen sollte. Wir hingegen hatten Ausfälle zu beklagen, die wir nicht kompensieren konnten, und gingen daher bereits im Hinspiel in Strasbourg unter. Im Rückspiel wehrten wir uns aber wacker und spielten in einem rappelvollen Stadion unentschieden.

Das erste europäische Abenteuer mit Strasbourg war eine der einschneidendsten Epochen meiner gesamten Karriere. Wunderbar, was wir erlebt, respektabel, was wir ohne internationale Erfahrung erreicht haben. Wir hatten in dieser Kampagne fünfmal auswärts gespielt und nur einmal verloren.

In dem Jahr feierten wir aber nicht nur internationale Erfolge. Auch in der Meisterschaft waren wir dabei. Wir spielten um den französischen Titel. Vier Spieltage vor Schluss hatten wir einen einzigen Punkt Rückstand zum Tabellenführer, den FC Nantes – bei drei noch zu spielenden Heimpartien und einer anstehenden Auswärtsbegegnung. Eine ideale Ausgangslage, um die erste Meisterschaft ins Elsass zu holen.

Doch wir sahen uns leider mit einer ganz anderen Realität konfrontiert. Unsere Punkteausbeute in den verbleibenden Partien war katastrophal und am Ende wurden wir lediglich Fünfter. Durch das Fehlen des Argentiniers José Farias fehlte uns eine unserer wichtigsten Team-Stützen und das konnten wir leider nie kompensieren.

In der nächsten Europacup-Saison sollten wir übrigens wieder auf den AC Mailand treffen. Wie damals in Barcelona kam es auch diesmal nach einem Sieg und einer Niederlage beim entscheidenden dritten Spiel in Mailand nach einem Unentschieden in der Verlängerung zu einem Münzwurf über Sieg oder Niederlage. Diesmal mit dem schlechteren Ende für uns, wir hatten Pech und schieden aus dem Wettbewerb aus.

Eine erneute Chance auf einen Titelgewinn war auch 1966 vorhanden. Wir stießen mit guten Leistungen bis ins Cupfinale vor, wo wir im Parc de Princes in Paris auf den FC Nantes trafen. Wir gewannen das Finale mit 1:0 und stellten mit dem Cupsieg, nach dem Gewinn des Liga-Pokals 1964, den zweiten großen Erfolg mit dieser Mannschaft sicher. Jedes Team möchte einmal den nationalen Pokalwettbewerb gewinnen, egal in welchem Land oder welcher Liga. Natürlich ist ein Cupsieg niemals gleichzustellen mit einer Meisterschaft, in der Kontinuität und langfristige Stabilität das A und O sind. Auf einen Landesmeister-Titel sollte der Verein aber noch eine ganze Weile warten.

Ich hatte mit Racing nach dem Ligapokal 1964 nun auch den Pokal gewonnen. Zwei Titel innerhalb von zwei Jahren. Ich schielte mittlerweile aber bereits Richtung Bundesliga. Der bekannte Sportjournalist Hans Blickensdörfer, der sehr viel Einfluss beim VfB Stuttgart hatte, sah den 2:1 Sieg von Racing gegen den AC Mailand und war sehr beeindruckt von mir und meiner Leistung. Er sagte zu Strasbourger Journalistenkollegen, der »Schilbert« müsse jetzt endlich zum VfB kommen.

Kurz darauf hatte ich dann wieder Kontakt mit Stuttgart, der Club machte bald ernst und bemühte sich nachhaltig um mich. Strasbourgs Präsident Joseph Heintz wollte mich trotz meiner ausdrücklichen Bitte und meiner Verdienste für den Club wiederum nicht gehen lassen. Die Fronten verhärteten sich schließlich und wir sprachen über Monate kein Wort mehr miteinander. Ich brachte weiter meine Leistungen, gegenüber Präsident Heintz kühlte sich das Verhältnis jedoch ab und ich beschloss, die Angelegenheit auszusitzen.

Ich war so verärgert, dass ich ihm schon ein paar Monate zuvor beinahe mit meinem Rücktritt gedroht hätte, wenn er mir den Wechsel verweigern würde. So konnte es nicht weitergehen, weshalb mein Vertrag schließlich dank meiner Hartnäckigkeit aufgelöst und der Weg für den Wechsel nach Stuttgart zur neuen Saison frei wurde.

Beatle oder Weltmeisterschaft

In diesem Sommer stand auch die WM 1966 in England vor der Tür, bei der ich mir durchaus berechtigte Hoffnungen machte, dabei zu sein. Ein paar Tage vor Bekanntgabe des Aufgebots befanden wir uns in einem Trainingslager in der Nähe von Reims. Henri Guérin, der damalige Nationaltrainer der L'Equipe Tricolore, kam auf mich zu, um mir eine absurde Botschaft zu überbringen. Er meinte ruhig: »Gilbert, Sie haben die Möglichkeit, bei der WM 1966 in England dabei zu sein. Aber der französische Fußballverband in Paris besteht darauf, dass Sie sich zuvor die Haare schneiden.«

Ich konnte es kaum fassen. Natürlich trug ich meine Haare damals entgegen dem allgemeinen Trend etwas länger, nicht zuletzt wegen der Tatsache, dass ich damit meine etwas abstehenden Ohren verdecken wollte. »Wir nehmen keine Beatles mit nach England«, reichte er anschließend noch nach.

Das Ganze war natürlich lächerlich und ich kann mir bis heute nicht so wirklich erklären, was das sollte. Vielleicht gab es andere Gründe, warum man mich nicht dabeihaben wollte und hoffte, dass ich auf stur schalten und mich weigern würde, auf eine so stupide Forderung einzugehen. Natürlich waren die Zeiten damals noch etwas anders, es wurde mehr Wert auf kollektive Korrektheit und individuelle Unauffälligkeit gelegt. Paradiesvögel, wozu ich mich aber nur wegen meiner etwas längeren Haare auf keinen Fall zählte, waren zumindest in Frankreich nicht erwünscht. Man muss sich das einmal aus heutiger Sicht vorstellen: Zlatan Ibrahimović müsste sich seinen Zopf abschneiden, um mit Schweden zu einem Endrundenturnier zu reisen, ansonsten wäre er nicht dabei und müsste zu Hause bleiben. Irgendwie absurd oder?

Ich schnitt mir die Haare nicht und es war offensichtlich auch nicht unbedingt notwendig. Ich wurde nämlich trotzdem zu einem Freundschaftsspiel gegen die Sowjetunion in Moskau eingeladen. Leider kam ich nicht zum Einsatz, obwohl mir der Trainer versicherte, dass ich zumindest eine Halbzeit spielen würde. Langsam wurde mir klar, dass ich wohl nicht mit einem Aufgebot für die Weltmeisterschaft rechnen konnte, und so kam es dann auch. Ich saß im Zug zurück nach Strasbourg, als Guérin die Liste der WM-Teilnehmer an die Presse weiterreichte. Als mich meine Frau dann gegen 23.00 Uhr am Bahnhof in Strasbourg abholte, teilte sie mir mit, dass ich als einziger der 17 nach Moskau mitgereisten Spieler nicht für die WM nominiert worden wäre. Gleich darauf erzählte sie mir aber auch, dass eine Delegation des VfB Stuttgart mich im Motel du Rhin erwarten würde. Ich fand mich sofort dort ein, um dann gegen

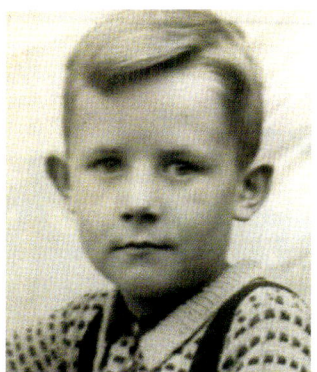

Bild 1 *(oben links): Mein erster Ball.*
Bild 2 *(oben rechts): Mit ungefähr sechs Jahren.*
Bild 3 *(unten): Meine Eltern.*

PUPILLES : R.C. STRASBOURG

Schmutz - Amrhein - Scheidecker - Koell - Hauser - Wurtz - Latta
Laugel - Schnell - Gress - Sigwald - Warter

1954

Bild 4 *(oben):* Gilbert Gress u. a. mit Gérard Hausser und Robert Wurtz; Hausser wurde Nationalspieler, Robert Wurtz einer der weltbesten Schiedsrichter.
Bild 5 *(links):* Mein Bruder Gérard.

Bild 6 *(oben): In meiner Lehrzeit beim Transportunternehmen Heppner in Strasbourg.*
Bild 7 *(unten): In der französischen Junioren-Nationalmannschaft, u. a. mit meinen Strasbourger Jugendfreunden Duffez, Garnier und Schuth.*

GILBERT GRESS
(19 ANS)
PRINTEMPS D'ALSACE

Ce jeune garçon, au visage agréable, très nouvelle vague, c'est Gilbert Gress, le grand espoir du R.C. Strasbourg. Technicien de premier ordre, pur produit de l'école de football du Racing, international junior, il fera une brillante carrière s'il sait conserver les pieds sur la terre.

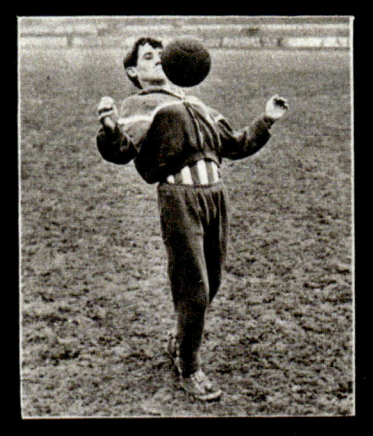

Bild 8 *(oben): In der französischen Junioren-Nationalmannschaft.*
Bild 9 *(rechts): In Strasbourg galt ich zu meiner Juniorenzeit als großes Talent.*

Bild 10 *(rechts): Im Militärdienst in Algerien 1961; die Zeit war hart.*

Bild 11 *(unten): Heimspiel Racing Strasbourg gegen Reims in der Saison 63/64.*

Bild 12 *(oben links): Hochzeit mit Béatrice in Strasbourg.*
Bild 13 *(oben rechts): Unterwegs mit der französischen Fußballnationalmannschaft.*
Bild 14 *(unten): Cupsieg mit Racing Strasbourg.*

Bild 15 *(oben links):* Mit Trainer Rudi Gutendorf (Mitte) und dem Schweden Bo Larsson in Stuttgart. Gutendorf wurde später zum Trainerweltenbummler Nr. 1.

Bild 16 *(oben rechts):* Vorstellung beim VfB Stuttgart 1966. Ich war der erste Franzose in der deutschen Fußball Bundesliga.

Bild 17 *(unten):* Mannschaftsfoto mit dem VfB Stuttgart in der Saison 67/68.

Bild 18 *(oben): In Stuttgart war ich Publimkumsliebling – eine Rolle, an der ich durchaus Gefallen fand.*
Bild 19 *(unten): 75 000 Zuschauer beim 3. Spiel in Stuttgart – die Investition in mich hatte sich schnell ausgezahlt.*

Mitternacht einen Dreijahresvertrag beim VfB zu unterschreiben.

Die Franzosen sollten eine katastrophale WM in England spielen und drei gleichberechtigte Trainer auf der Bank haben. Henri Guérin, Robert Domergue und Lucien Jasseron. Domergue, damals Trainer von Marseille, ließ Raumdeckung auf einer Linie fast an der Mittellinie spielen, Jasseron, Coach von Lyon, setzte auf Manndeckung und Libero und Guérin hatte gar kein Konzept. Im letzten Spiel gegen England machten die Spieler die Taktik schließlich selbst und verloren, nachdem zuvor gegen Uruguay ebenfalls verloren und gegen Mexiko nur ein Unentschieden erreicht wurde, mit 0:2. Ich selbst kam auf insgesamt gerade einmal drei Einsätze in der französischen Nationalmannschaft. Natürlich hätte ich gerne bei der WM 1966 mitgespielt, aber wenn man sich den Auftritt der Franzosen bei diesem Turnier angesehen hatte, musste man darüber auch nicht allzu traurig sein.

Cathy, Franck und die Schwiegereltern

In fast jeder Profisportlerkarriere stellt sich irgendwann die Frage, wie und wo die eigenen Kinder aufwachsen sollen. Meine Frau und ich machten uns ebenfalls viele Gedanken darüber, als unsere Tochter Cathy unterwegs war. Sie kam 1965 zur Welt. Meine Frau arbeitete vor der Geburt meiner Tochter Teilzeit in einem Plattenladen für klassische Musik in Strasbourg und tat das auch anschließend wieder. Während sie arbeitete, war meine Tochter bei meinen Schwiegereltern, die ebenfalls in Strasbourg lebten und wo sich Cathy sehr wohlfühlte.

Mein Sohn Franck wurde 1971 in Strasbourg geboren, einen Tag bevor ich mit Olympique Marseille meinen ersten Meistertitel als Spieler gewann. Wir wollten damals Cathy, die sich bei den Eltern meiner Frau zu Hause fühlte und dort ihre Freunde hatte, nicht aus ihrem Umfeld reißen. Wir konnten die Kinder auch nicht trennen, da die Geschwister zusammen aufwachsen sollten. Franck blieb schließlich – wie seine Schwester – bei meinen Schwiegereltern und fühlte sich dort ebenso wohl wie sie.

Ich hatte während meiner Zeit in Stuttgart und Marseille einige Kollegen, die sich sehr stark mit der gleichen Frage auseinandersetzen mussten. In Marseille spielte ich beispielsweise zusammen mit dem Jugoslawen Josip Skoblar, der zwei Töchter hatte, die beide dort die Grundschule besuchten. Zuvor war die Familie einige Jahre in Deutschland gewesen, da Skoblar damals in der Bundesliga für Hannover 96 spielte. Kurz vor dem Ende der Grundschule entschieden die Skoblars, dass ihre Töchter ihren schulischen Weg in Jugoslawien fortsetzen sollten. Frau Skoblar kehrte deshalb schließlich mit den beiden Mädchen in die Heimat zurück und musste sich somit räumlich von ihrem Mann trennen. Meiner Frau und mir war von Beginn an klar, dass wir eine solche Situation auf keinen Fall wollten. Béatrice hat natürlich aufgrund unserer gemeinsamen Entscheidung, vor allem, als die Kinder noch jünger waren, sehr darunter leiden müssen und hat damit ein großes Opfer für mich und meine Karriere gebracht.

Wie schwierig es für die Kinder hätte sein können, zeigt mein Karriereverlauf Anfang der Achtzigerjahre, als ich innerhalb von sieben Monaten in drei verschiedenen Ländern tätig war. Zuerst in Frankreich, dann in Belgien und später in der Schweiz. Das hätte bedeutet, dass die beiden innerhalb eines guten halben Jahres drei Mal die Schule hätten wechseln müssen. Das ist kein Leben für Kinder, sie benötigen ein festes Zuhause als sicheren Rückzugspunkt und ihr gewohntes soziales Umfeld wie Schule, Freundeskreis und vor allem auch die Familie.

Die eigenen Kinder, wie in unserem Fall, woanders aufwachsen zu lassen, war sicherlich nicht die beste Lösung, aber es gibt weder eine bessere noch eine schlechtere. Ein Leben als Profisportler oder Trainer zwingt einen zu einem anderen Lebensstil, der leider in den allerseltensten Fällen den Interessen und Bedürfnissen aller beteiligten Familienmitglieder gerecht werden kann. Ich möchte mich nicht rechtfertigen, wie wir damals gehandelt haben, uns erschien es nach langem Abwägen aller wichtigen Faktoren als die vernünftigste und vor allem für die Kinder beste Lösung. Sehr viel später sagten Cathy und auch mein Sohn Franck mit einem Augenzwinkern, dass sie sich immer sehr freuten, wenn wir zu Besuch kamen, sie aber auch nicht unglücklich waren, wenn wir wieder gingen.

Die räumliche Trennung von unseren Kindern war insbesondere für meine Frau sehr schwierig. Gerade während meiner Zeit in Brügge, wo sie nicht so viele soziale Kontakte hatte und in der ganzen Stadt praktisch nur flämisch gesprochen wurde, litt sie besonders unter der Trennung. Wir sind während dieser Zeit öfters Samstag- oder Sonntagabend nach den Spielen über die Ardennen nach Strasbourg zurückgefahren.

Heute haben wir vier Enkelkinder, drei Mädchen und einen Jungen, der aber definitiv kein Fußballprofi wird. Robin ist dreizehn und mehr ein Intellektueller denn ein Sportler. Er hat zwar früher in der Jugend Fußball gespielt, allerdings nicht sehr erfolgreich.

Ich brachte ihn damals ab und zu zum Training oder zu einem Spiel und schaute ein wenig zu. Daheim sagte ich dann öfter zu meiner Tochter, dass sie sein Trikot nicht waschen müsse, er habe nicht geschwitzt. Irgendwann meinte der Trainer mal schmunzelnd zu meiner Tochter: »Sagen Sie doch Ihrem Vater, er solle vielleicht in Zukunft lieber zu Hause bleiben, seine Kritik ist viel zu hart.«

Er hörte dann rasch wieder auf mit dem Fußballspielen, das war definitiv nicht seine Welt. Aus ihm wird mal ein Professor oder zumindest jemand mit überdurchschnittlicher Bildung. Man kann ihm nicht verdenken, dass er bei so einem kritischen Opa keine Fußballkarriere anstrebt. Er möchte gerne Journalist werden, am liebsten beim Fernsehen bei den 20 Uhr Nachrichten.

Ein Franzose in der Bundesliga

Der deutsche Fußball war seit dem Titelgewinn der Deutschen bei der Weltmeisterschaft in Bern 1954 unter Trainerlegende Sepp Herberger und mit Spielern wie Fritz Walter oder Helmut Rahn führend in Europa. Auch 1966 stand die deutsche Elf wieder im WM-Finale. Bekanntermaßen verloren sie dieses Spiel gegen England durch das legendäre »Wembley-Tor«, das bis heute das umstrittenste Tor aller Zeiten ist. Trotzdem war die deutsche Elf damals die beste Mannschaft auf der Welt, mit den besten Einzelspielern. Leute wie Franz Beckenbauer, Gerd Müller, Wolfgang Overath, Günter Netzer oder Uwe Seeler spielten in der heimischen Liga und gehörten zum Besten, was der Weltfußball zu bieten hatte.

Ich kannte den deutschen Fußball glücklicherweise schon sehr gut aus TV-Beobachtungen. Ich wusste, welches Niveau mich hinsichtlich Klasse, Taktik und Disziplin erwartete. Der deutsche Fußball war gegenüber dem französischen sehr viel dynamischer, effizienter und spektakulärer. Wenn jemand sich wirklich für Fußball interessierte, dann schaute man sich die Spiele aus der Fußball-Bundesliga an. Damals konnte man im Elsass bereits ARD und ZDF empfangen.

Das riesige Interesse an der deutschen Liga führte gar dazu, dass Racing ungern an einem Samstagabend um 18.00 Uhr spielen wollte, da die Leute dann unter Umständen zu Hause blieben, weil die Konkurrenz zur Sportschau in der ARD sehr groß war.

Obwohl der französische Fußball nicht viel Ansehen in Deutschland genoss, wollte mich der VfB aufgrund dessen, was sie während ihrer Spielbeobachtungen von mir gesehen hatten, verpflichten. Ich hatte eine gute Visitenkarte abgegeben, wusste aber, dass es damit allein nicht getan war. Ich musste nun nach der Verpflichtung umgehend auf dem Platz beweisen, dass ich die Klasse hatte, in der weltbesten Liga nicht nur mitzuspielen, sondern dort auch Akzente zu setzen.

Als ich in Stuttgart ankam, wurde ich nicht von allen mit offenen Armen empfangen. Der damalige Kader der Mannschaft bestand aus 25 Spielern, wovon ungefähr sechs zu der Stammelf gehörten. Diese waren mir gegenüber positiv eingestellt und sahen mich als Verstärkung. Die anderen hingegen begegneten mir anfänglich mit großer Skepsis. Zur damaligen Zeit verdiente ein Großteil der Spieler 500 Deutsche Mark im Monat, dazu kamen noch Prämien von 1000 Mark bei einem Sieg oder 500 Mark bei einem Unentschieden. Obendrein gab es ein Handgeld von höchstens 15 000 Mark im Jahr. Die Prämien waren also ein wichtiger Bestandteil des Gehalts für die Mehrheit der

Spieler. Es waren einige mittelmäßige Spieler in der Mannschaft, die um ihren Platz im Team fürchteten und mich somit als Bedrohung ansahen. Das äußerte sich teilweise auch darin, dass gewisse Spielerfrauen sich nicht besonders nett gegenüber meiner Frau verhielten. Für sie war das folglich ebenfalls keine einfache Zeit.

Einer der Stars und Publikumslieblinge bei den Schwaben war damals der deutsche Ex-Internationale Rolf Geiger. Er registrierte relativ rasch, dass mich das Stuttgarter Publikum auf Anhieb mochte und fürchtete bald um seine Stellung im Club und bei den Fans. Mein Freund, der Journalist Hans Blickensdörfer, pflegte sehr guten Kontakt zum VfB und auch zu einigen Spielern in der Mannschaft. Er warnte mich eines Tages vor ihm und sagte: »Gilbert, pass gut auf bei Geiger. Er kann dich nicht ausstehen und ist zu allem fähig. Wenn ich du wäre, würde ich ihm nie den Rücken zukehren und vor dem Start deines Autos jeweils deine Bremsen kontrollieren.«

Ich nahm das nicht wirklich ernst. Natürlich herrschen in einem Verein auch mal Neid und Missgunst, doch so etwas Extremes konnte ich mir beim besten Willen nicht vorstellen. Knapp zehn Jahre später allerdings wurde mir klar, wovon Blickensdörfer damals sprach. Als ich 1973 nebenbei abends noch die Amateure von Red Star Strasbourg trainierte, fand eines Tages ein Freundschaftsspiel gegen eine Auswahl von Playboys aus Stuttgart statt, die allesamt in ihren

Porsches und Ferraris zum Spiel kamen. Zu meiner Überraschung war Rolf Geiger ebenfalls dabei und spielte mit. Nach dem Spiel lud ich einige Protagonisten zu mir nach Hause ein und kam mit Geiger, der schon das ein oder andere Glas getrunken hatte, ins Gespräch. Plötzlich holte er verbal aus und schnauzte mich an: »Gilbert, ich habe dich richtiggehend gehasst damals, so sehr, dass ich dich hätte umbringen können. Vergiften oder sonst irgendetwas!«

Meine Frau bekam das mit und eine Welle der nachträglichen Angst überrollte sie bei dem Gedanken. Nun wusste ich, dass Blickensdörfer mich nicht zu unrecht vor ihm gewarnt hatte und war mir sicher, dass er es ernst gemeint hatte. Ich sage ja immer: Am ehrlichsten sind Kinder und Leute, die betrunken sind. Ich habe den Abend aber trotzdem überlebt.

Ich war der erste Franzose in der Bundesliga und wurde schon allein deswegen kritisch betrachtet. Wenn die Deutschen damals das Wort »Franzose« hörten, fiel ihnen außer General Charles De Gaulle, den ich im Übrigen immer bewundert habe, nicht viel mehr ein. Zusammen mit dem Schweden Bo Larsson (später Kapitän der schwedischen Nationalmannschaft) war ich in dieser Saison die einzige Verstärkung in Stuttgart. Im Gegensatz zu Larsson war ich allerdings von Beginn an gesetzt und anschließend während der gesamten Vertragsdauer immer in der Stammformation. Larsson hingegen war zuerst nur Ersatz.

Er war gelernter Boden- und Plattenleger und vor dem Wechsel nach Stuttgart in Malmö/Schweden noch berufstätig gewesen (wie auch viele andere Profis in verschiedenen Ligen zu der Zeit). Am Morgen hatte er hart gearbeitet, zudem noch auf den Knien, und nachmittags trainierte er dann im Club mit Malmö. In Stuttgart wurde er aber auch Vollprofi.

Seine Frau sprach leider, im Gegensatz zu ihrer Tochter, die in Deutschland zur Schule ging, kein Deutsch und fühlte sich dort aus diesem Grund bald nicht mehr wohl. Larsson erfüllte seinen Vertrag und kehrte anschließend wieder nach Schweden zurück, wo er dann parallel auch wieder seinem Beruf nachgehen musste. In den Sechzigerjahren vollzog sich allmählich länderübergreifend der Wechsel von Teilzeitspielern zu Vollprofis. Allerdings lohnte es sich für Spieler, die etwas älter waren und nur noch zwei bis drei Jahre spielen konnten, nicht, diesen Schritt zu vollziehen, weshalb sie parallel zum Fußball weiter ihrem gelernten Beruf nachgingen. Bei uns in der Mannschaft des VfB gab es neben uns Ausländern und zwei, drei anderen Kollegen, keine Vollprofis.

Ich verstand mich beim VfB am besten mit Willi Entenmann und Horst Köppel. Das waren, neben mir, seltsamerweise später auch die Einzigen, die nach ihrer aktiven Karriere im Fußballgeschäft geblieben sind. Entenmann, ein absoluter Vollprofi, verstarb leider 2012 beim Langlauf viel zu früh an den Folgen eines Herzinfarkts. Ein tragisches Indiz dafür, dass man, auch wenn man absolut vorbildlich und ohne Laster lebt, trotzdem keine Garantie auf ein langes Leben hat.

Die meisten meiner neuen Teamkollegen waren also zunächst sehr skeptisch, ob ich effektiv eine Verstärkung für die Mannschaft darstellen würde. Der Empfang war deshalb, um es vorsichtig auszudrücken, eher verhalten. Ich hatte aber nicht erwartet, dass man mir einen roten Teppich ausrollt. Ich wollte die Antwort auf dem Platz geben.

Im allerersten Freundschaftsspiel trafen wir zu Hause im Neckarstadion auf den Stadtrivalen Stuttgarter Kickers. Es hatte Tradition, dass man das erste Vorbereitungsmatch in der neuen Saison gegeneinander spielte. Ich war in der Startelf und fand mich auch gleich gut ein. Dieter Schurr wurde abgestellt, um mich zu decken. Nach ungefähr einer Stunde meinte er: »Wenn du so weiterspielst, bist du hier in Kürze der Publikumsliebling.«

Zum Saisonauftakt konnten wir gleich die ersten drei Spiele gewinnen. Wir siegten auswärts in Bremen, wo ich mein erstes Bundesligator schoss, und schlugen zu Hause auch den amtierenden Meister 1860 München. Einen besseren Start konnte man sich nicht wünschen, das Zuschauerinteresse war gigantisch. Gegen 1860 waren beinahe 80 000 Leute im Stadion. Kein Vergleich zur französischen Liga mit ihren kleinen, oft nur halb gefüllten Stadien. Die Euphorie nach diesem Sieg war so groß, dass ich das Stadion im Polizeiauto verlassen musste.

Wir waren folglich Erster in der Tabelle und mein Einstand war genau so, wie ich mir das gewünscht und erhofft hatte. Leider konnten wir uns aber nicht an der Spitze halten. Wir hatten nicht die nötige Klasse, um um den Titel mitzuspielen. Ich war zudem mit dem Konzept von Trainer Rudi Gutendorf nicht einverstanden. Er bevorzugte hochgewachsene, stämmige Spieler und die Organisation auf dem Platz war simpel. Lange Bälle nach vorn, kein gepflegter Spielaufbau. Das kam weder meiner Spielkultur entgegen noch meiner disziplinierten und taktischen Auffassung von Fußball.

Ich dachte bereits als Aktiver immer auch über Taktik, Ordnung und Spielkultur nach und entwickelte meine Eigenschaften als Trainer demnach schon sehr früh. Gutendorf war mit seinen Methoden weit von meiner Idealvorstellung eines Spitzentrainers entfernt. Auf der anderen Seite war er aber stets ein Visionär und hat Entwicklungen vorausgesagt, als sich diese so noch gar nicht abzeichneten. Er sagte damals zu mir: »In 15 Jahren sitzen da oben Leute in Logen und trinken Bier und Champagner, während sie euch beim Fußballspielen zusehen.« Das erschien mir damals absurd, hat sich aber als völlig richtig herausgestellt.

Die deutsche Presse hat mich nach kurzer Zeit schon in höchsten Tönen gelobt. Es dauerte dann auch nicht mehr sehr lange, bis ich eine Einladung vom deutschen Fernsehen erhielt. Bereits nach dem ersten Spiel für den VfB war ich Gast im aktuellen Sportstudio. Ich war überwältigt von der professionellen Organisation. Flugzeuge, Taxis, Hotels – alles vom Feinsten, die Anlässe waren akribisch durchgeplant. So etwas war ich aus Frankreich bisher nicht gewohnt. Dort berichtete das Fernsehen Sonntags nach den 20-Uhr-Nachrichten gerade einmal drei Minuten über Sport. Fußballinteressierte sahen nur ein simples Standbild mit den Spieltag-Resultaten. In der Bundesliga hatte alles eine Dimension, wie ich es kaum für möglich gehalten hätte.

Meine Fanpost signalisierte mir ebenfalls meine wachsende Popularität. Ich bekam teilweise bis zu 170 Fanbriefe – pro Tag! Das war kaum zu bewältigen, vor allem dann nicht, wenn ich mal ein paar Tage am Stück nicht zu Hause war. Bis heute erreichen mich regelmäßig jeden Monat Briefe und Fotos aus Deutschland, vor allem immer dann, wenn wieder einmal irgendwo ein Bericht aus dieser Zeit in den Medien auftaucht. Zum Vergleich: Aus Frankreich erhalte ich nur eine Handvoll pro Jahr. Und da holte ich als Spieler und Trainer immerhin den einen oder anderen Titel.

Natürlich genoss ich all das Interesse und die vielen Privilegien, die mir zuteilwurden. Heute ist das in vielen Ligen und Ländern völlig normal, die Deutschen waren aber damals schon die Besten, was die Fan-Kultur und auch die Vermarktung dieses Sports anbelangt. Das sieht man heute noch deutlicher als damals. Keine Liga ist so professionell, sportlich so kompetitiv und dazu noch so unterhaltsam wie die Deutsche Bundesliga.

Ich wurde beim VfB sehr bald zum Liebling der Presse. Ein Beitrag zusammen mit meiner Frau Béatrice wurde mit »Romeo und Julia des deutschen Fußballs« betitelt. Man sprach viel über Fußball, über dessen Protagonisten und die Ausländer in der Liga, wie ich einer war. Es gab praktisch nichts Wichtigeres. Meine Motivation, nach Deutschland zu wechseln, lag aber nicht an der breiten Presseberichterstattung oder an finanziellen Aspekten, sondern viel mehr am hohen Niveau der Bundesliga und der professionellen Infrastruktur. In Strasbourg trainierten wir öfter auf einem Parkplatz vor dem Stadion, in Stuttgart gab es hingegen allein zehn Trainingsplätze. Bei Racing mussten wir die Trikots zu Hause waschen und uns um viele Dinge selbst kümmern, die uns in Stuttgart abgenommen wurden.

Wie populär die Bundesliga immer war, zeigte sich später, als ich Trainer beim FC Brugge wurde. Obwohl ich mit Stuttgart keinen Titel gewonnen hatte und in Marseille zwei Mal Meister und ein Mal Cupsieger wurde, kannten mich die Spieler nur aus meiner Zeit in Deutschland.

Worüber ich mir bei aller Professionalität in Deutschland die Augen rieb, war die nicht vorhandene Disziplin hinsichtlich der Ernährung. Die Mannschaft traf sich nach jedem Training zum Essen, zu dem sich jeder Spieler mindestens eine Flasche Bier genehmigte und kräftige Portionen verschlang. Als ich die Bierflaschen das erste Mal auf dem Tisch sah, war ich richtiggehend schockiert. Dazu kam, dass abends vor einem Spiel oft à la Carte gegessen wurde. So etwas wäre heute wohl undenkbar, damals hat man in Stuttgart einer gesunden Ernährung noch keine große Bedeutung beigemessen. In Strasbourg war das bereits anders. Ich sagte damals öfter, dass sich in Frankreich die Woche über professionell verhalten, die Professionalität aber am Spieltag jeweils zu Hause gelassen wurde. In Stuttgart war es genau umgekehrt. Gegessen wurde wie die Amateure, gespielt wie die Profis.

Ich versuchte, schon bevor ich Profi wurde, möglichst gesund zu essen, ohne aber zu wissen, welches die richtige Ernährung ist. Früher genoss ich am Morgen eine warme Schokolade sowie zwei frische Brötchen mit Butter, Honig und Konfitüre. Bei meinem ersten Profitraining spürte ich aber sehr schnell, dass mit schwerer Last im Bauch kein Blumentopf zu gewinnen war. Mein Teamkollege René Hauss, 15 Jahre älter als ich damals, riet mir schließlich, generell leichte Kost zu essen und morgens nur einen Tee und einen Zwieback zu mir zu nehmen. Seither achtete ich stets auf meine Ernährung und bin damit immer gut gefahren. Auch später als Trainer war ich, was das Essen anbelangt, bewusst sehr restriktiv. Natürlich kam das nicht immer gut an bei den Spielern, aber auf diesem Niveau muss man diese Disziplin einfach haben.

Im Dezember 1966 verließ Trainer Rudi Gutendorf den VfB Stuttgart und wurde durch Albert Sing ersetzt. Für die Mannschaft setzte es zugleich eine böse Überraschung: Die freien Montage wurden gestrichen. Ein Umstand, der mich außerordentlich ärgerte, da dies bedeutete, dass ich meine Tochter kaum noch in Strasbourg besuchen konnte. Die ersten drei Wochenenden hielt ich mich an die Vorgabe, in der vierten Woche allerdings fuhr ich schließlich ohne Einwilligung nach Strasbourg, weil ich dort wichtige Dinge zu erledigen hatte. Ich sprach zwar vorab mit dem Trainer und erklärte ihm die Notwendigkeit, allerdings wollte er davon nichts wissen. Sing war außer sich, drohte mich zu entlassen und suspendierte mich umgehend vom Training.

Die deutsche Bild-Zeitung bekam sofort Wind von der Sache und tat das Ihre, damit sich die Affäre in der Presse immer mehr aufbauschte. Sing teilte mir daraufhin mit, dass er einige Drohungen und Beleidigungen wegen seiner Maßnahmen erdulden musste. Er war stinksauer. Zwei Tage später rief er mich jedoch an und meinte, ich dürfe zurückkommen, sofern ich mich beim Team entschuldigen würde. Ich sah das zwar nicht ein, tat es dann aber doch, und war damit wieder im Team.

Sing beließ es allerdings nicht dabei, er rächte sich später indirekt, indem er mich dazu drängte, mir die Haare zu schneiden. Zu dem Zweck bestellte er mich in einen Friseursalon nach Stuttgart-Bad Cannstatt. Als ich nach dem Training dort eintraf, sah ich den Figaro vor einem Stuhl stehen, umringt von Mannschaftskameraden, die sich das natürlich nicht entgehen lassen wollten, sowie ungefähr 30 Journalisten. Das Foto mit meiner neuen Frisur ging durch die Presse und daran wird sich auch heute in Stuttgart noch erinnert. Für mich war das nicht wirklich eine Strafe, ich ließ mir sowieso zwei- bis dreimal pro Jahr die Haare schneiden. Dieser Besuch beim Friseur war gute PR und zudem noch kostenlos.

Kurze Zeit später stellte Sing aber fest, dass ich ein sehr gewissenhafter Spieler mit einer professionellen Einstellung zu meinem Beruf war. Von da an arbeiteten wir sehr gut zusammen. Er wollte mich später bei seinem Wechsel zu 1860 München mitnehmen, ich entschied aber, in Stuttgart zu bleiben. An die Geschichte mit dem Friseur erinnern wir uns bei jedem Wiedersehen immer gern.

Im Sommer 1968 kontaktierte mich ein Funktionär von Racing Strasbourg. Er rief mich an und sagte aufgeregt: »Gilbert, Sie müssen uns helfen. Unsere Kassen sind leer, wir können unsere Spielergehälter nicht mehr länger bezahlen. Kommen Sie bitte mit dem VfB Stuttgart für ein Freundschaftsspiel nach Strasbourg. Mit den Einnahmen dieses Spiels könnten wir den Club retten.« Ich war überrascht: Nach meinem Weggang 1966, als Racing den Pokal gewann, war die Vereinskasse gut gefüllt, der Club hatte gutes Geld generiert. Jetzt war der Verein finanziell am Ende und brauchte offensichtlich Hilfe.

Ich versicherte, ich würde mein Möglichstes tun und mit den Verantwortlichen des VfB sprechen. Natürlich wollte ich helfen, Strasbourg war mein Zuhause und Racing war der Verein, dem ich mich zeitlebens zugehörig fühlen würde. Ich versuchte, an allen Strippen zu ziehen und schaffte es mit viel Verhandlungstaktik und Überredungskunst tatsächlich, dass der VfB zu dem Freundschaftsspiel in Strasbourg antrat und damit dem angeschlagenen Club wieder auf die Beine half. Ich erreichte sogar, dass kein Spieler eine Prämie für diese Partie erhielt respektive verlangte. Das war für einen Bundesligaverein eine außerordentliche Sache.

Während meiner gesamten Zeit in Stuttgart verpasste ich gerade einmal vier Spiele. Eines wegen einer leichten Verletzung und drei wegen einer Rotsperre, die absolut unberechtigt war. Ob Zufall oder nicht, diese drei Spiele gingen für den VfB allesamt verloren. Die drei Niederlagen hatten logischerweise fatalen Einfluss auf den Ausgang dieser Meisterschaft, die wir trotz bester Voraussetzungen am Ende nicht gewinnen konnten.

1970 folgte mit dem Jugoslawen Branco Zebec ein absoluter Weltklassetrainer, der zuvor mit Bayern München das Double gewonnen hatte und anschließend überraschend im Cup der Landesmeister (heute die UEFA Champions League) gegen den französischen Club Saint-Etienne ausschied und daraufhin entlassen wurde. Zebec gewann zuvor mit Dinamo Zagreb schon den Messepokal (später UEFA Cup).

Er führte neue Verfahren ein und ich litt nie zuvor in meiner Karriere im Training so sehr wie unter seiner Leitung. Unsere Vorbereitung für die neue Saison im Sommer fand zum Teil bei 30 Grad und mehr statt. Zebec ließ uns drei Mal am Tag in dickstoffigen Trainingsanzügen trainieren und verweigerte uns jegliche Flüssigkeitsaufnahme. Trotz sengender Hitze durften wir nichts trinken. Es ging sogar so weit, dass er nach dem Training in die Kabine kam, um zu kontrollieren, ob wir nicht aus der Dusche tranken. Beim Abendessen durfte jeder nur ein einziges Getränk zu sich nehmen und es auch erst dann trinken, wenn das Hauptgericht auf den Tisch kam. In der Halbzeit einer Partie gab es ebenfalls nichts zu trinken, es wurden nur Zitronen verteilt. 1970 wusste man bereits, dass eine konstante Flüssigkeitszunahme bei Spitzensportlern essenziell wichtig ist. Der Einzige, dem das offensichtlich entgangen war, war Branko Zebec.

Mein letztes Bundesligaspiel, wobei ich zu dem Zeitpunkt nicht wusste, dass es mein letztes sein würde, bestritt ich im Dezember 1970 auf dem legendären Betzenberg in Kaiserslautern. Es war das letzte Spiel vor der Winterpause. Bei den roten Teufeln bekam ich es öfter mit Otto Rehhagel und Atze Friedrich zu tun. Die beiden sollten fast 30 Jahre später mit dem Verein nach dem Wiederaufstieg in die 1. Bundesliga sensationell den Meistertitel holen (Rehhagel als Trainer, Friedrich als Präsident).

Die Partie verlief sehr kurios. Bis zur Halbzeit stand es 0:0 mit einem Eckball-Verhältnis von ca. 20:0 für die Hausherren. Das Verdikt nach Ende der Partie hieß dann 0:5 – für Stuttgart, versteht sich. Im Nachhinein betrachtet war das sportlich gesehen ein stimmiger Abschied aus Deutschland.

Bayer oder Schwabe?

Am 26. Dezember 1968 fand zum Jubiläum des elsässischen, international sehr erfolgreichen Schiedsrichters Pierre Schwinté ein Freundschaftsspiel im Meinau-Stadion zwischen einer Elsässer Auswahl und Bayern München statt. Das Spiel wurde vom jungen Schiedsrichter Robert Wurtz geleitet, mit dem ich meine Jugend verbrachte und der mir immer ein guter Freund war. Auf beinahe komplett eingeschneitem Terrain gewannen wir vor 15 000 Zuschauern mit 2:1 – ich schoss beide Tore.

Nach dem Spiel trafen wir uns alle zum Essen. Als ich mich am Abend von Schwinté und Robert Schwan, dem damaligen Manager von Bayern München und Franz Beckenbauer, verabschiedete, sagte dieser mit leiser, aber bestimmender Stimme zu mir: »Ich weiß, dass Ihr Vertrag in Stuttgart bald ausläuft. Unterschreiben Sie auf keinen Fall etwas Neues, Sie hören von mir.«

Ein paar Monate später, sechs Spieltage vor Saisonende 1968/69, lagen wir mit dem VfB auf Platz zwei der Tabelle. Mit nur drei Punkten Rückstand zum Spitzenreiter Bayern München hatten wir die Möglichkeit, mit einem Heimsieg gegen die Bayern bis auf einen Punkt an sie heranzukommen. In der Woche vor dem Spiel warnte mich Schwinté vor: »Schwan wird dich diese Woche anrufen, sei vorbereitet.« Drei Stunden vor dem Spiel, wir waren im Hotel zur Bettruhe, klingelte das Telefon. Mein Zimmerkollege, Willi Entenmann, hob ab und meinte, es wäre für mich. Am anderen Ende tönte es: »Hier Schwan. Wie vor einiger Zeit versprochen, möchte ich Sie gern baldmöglichst treffen, um über eine Verpflichtung ab der kommenden Saison zu sprechen. Wir bleiben morgen noch in Stuttgart, damit wir uns unterhalten können. Wo können wir uns treffen?«

Irgendwie wurden wir uns wegen des Treffpunkts nicht ganz einig, da meinte Herr Schwan: »Wir machen es so: In der zweiten Halbzeit, während eines Freistoßes oder einem Eckball, gehen Sie zu Franz (Beckenbauer) und dieser gibt Ihnen einen Zettel mit der Adresse.«

Das klang mir zu abenteuerlich. Ich entgegnete, dass wir vor 77 000 Zuschauern und einem Dutzend Kameras spielen würden. Wenn das jemand sehen und ich dann unter Umständen noch ein schlechtes Spiel machen würde, könnte das zu einem Riesenskandal führen. Ich wollte einen allfälligen Wechsel sehr viel diskreter über die Bühne bringen. Herr Schwan sah das dann schließlich ein und meinte, wir würden uns dann am Sonntag um 10.00 Uhr, hundert Meter von unserem Hotel entfernt, treffen. Ich ergänzte, ich würde meine Frau mitbringen und pünktlich da sein.

Die ganze Geschichte mutete bizarr an: Kurz vor dem wichtigsten Spiel der Saison rief der Manager des größten Konkurrenten an und wollte mit mir über einen Wechsel sprechen. Auch wenn das Timing nicht günstig war – das Interesse war ernst gemeint und ein potenzielles Engagement bei Bayern München konnte ich mir gut vorstellen. Der Club war im Aufwind und hatte dem Stadtrivalen 1860 München mittlerweile den Rang abgelaufen. Mit Beckenbauer, Schwarzenbeck, Meier, Müller oder Roth war viel Qualität in der Mannschaft.

Das Spiel gegen Bayern vor einer grandiosen Kulisse gewannen wir schließlich überlegen mit 3:0 und rückten in der Tabelle bis auf einen Punkt an die Bayern heran.

Am darauffolgenden Sonntag traf ich mich am vereinbarten Treffpunkt mit Robert Schwan und Branko Zebec, dem damaligen Bayern-Trainer. Die beiden stiegen zu mir ins Auto ein, ich saß mit dem Manager vorne, Zebec und meine Frau setzten sich nach hinten auf die Rückbank. Wir fuhren auf einen kleinen Feldweg, damit wir möglichst nicht gesehen wurden und hielten an. Heute würde man sich wohl eher in einem Fünfsternehotel treffen – mit seinem Berater und einem Rechtsanwalt.

Wir unterhielten uns über eine Stunde und bald standen alle Zeichen auf grün. Herr Schwan bot mir einen Zweijahresvertrag mit soliden finanziellen Konditionen an. Gepaart mit der sportlichen Perspektive bei den Bayern war das eine riesengroße Chance, die ich auf jeden Fall nutzen wollte. Ziemlich am Ende unserer Unterhaltung kam es zu einer seltsamen Äußerung von Herrn Schwan. Er drehte sich zu meiner Frau um und sagte mit einem Lächeln, aber bestimmt: »Wissen Sie, Frau Gress, wenn Sie nicht ins Stadion kommen, sind wir nicht unglücklich. Bei uns im Club spielen die Frauen keine Rolle. Ihren Mann werden Sie nicht mehr sehr oft sehen, wir sind ja 24 Tage im Monat unterwegs.« Ich empfand die Aussage als nicht sehr charmant, wusste aber, dass das meine Frau nicht sonderlich beeindrucken würde. Ich erbat mir trotzdem Bedenkzeit, obwohl ich mich innerlich bereits entschieden hatte. Ich wollte aber darüber mit meiner Frau unter vier Augen sprechen und auch beim VfB vor einer finalen Zusage für Transparenz sorgen. Ich setzte die beiden schließlich wieder am ursprünglichen Treffpunkt ab und man verblieb folglich, voneinander zu hören.

Meine Frau war sehr dafür, dass ich diese Chance nutzte. Schwans chauvinistisch angehauchte Aussagen wären für sie nie ein Grund gewesen, mir deswegen nicht zu einem Wechsel zu raten. Im Gegenteil: Sie bestärkte mich und meinte, das wäre eine sehr gute Chance, die vielleicht in der Form nie wieder käme. Béatrice hat stets eine gute Intuition. Ihre Meinung hatte für mich immer hohes Gewicht. Ich sage heute oft, dass ich bei diversen Dingen noch mehr auf sie hätte hören müssen. Ganz besonders, aber leider nicht nur, in diesem Fall.

Es war somit beschlossen – ich würde zu Bayern München wechseln. Ich wollte jedoch noch ein bisschen Zeit verstreichen lassen mit der Zusage. Das Medientheater bei einem Bekanntwerden meines Wechsels würde dem VfB im Meisterschaftsendspurt nicht sehr helfen. Die Gerüchte verbreiteten sich aber noch sehr viel schneller als befürchtet. Bereits in der Folgewoche nach meinem Gespräch mit Schwan und Zebec titelten die Gazetten »Gress wechselt zu den Bayern«. Die Lokalpresse in Stuttgart versuchte mit allen Mitteln, den Wechsel zu verhindern, indem sie öffentlich an mein Ehrgefühl und meine Verantwortung gegenüber dem VfB Stuttgart appellierte.

Anführer dieser Bewegung war der hoch anerkannte Romanautor und Sportjournalist Hans Blickensdörfer. Er war leitender Sportredakteur bei der Stuttgarter Zeitung und schrieb auch für die renommierte französische Sportzeitschrift »L'Equipe«. Er veröffentlichte mehrere offene Briefe in lokalen Stuttgarter Zeitungen und versuchte, mich bei der Ehre zu packen:

Offener Brief von Hans Blickensdörfer, erschienen in der Stuttgarter Zeitung im Frühjahr 1969:

Lieber Gilbert!
Als ich im Frühjahr 1966 den VfB Stuttgart zu überzeugen versuchte, dich zu verpflichten, tat ich etwas, was ein Journalist eigentlich nicht tun sollte – und was ich sicherlich

auch nicht mehr tun werde. Schließlich bin ich weder Funktionär noch Spielervermittler, und als der VfB nach langem Zögern dann einen Vertrag mit dir abschloss, musste ich mich von spitzen Zungen immer wieder fragen lassen, wie hoch denn mein Honorar gewesen sei. Zu allem Überfluss geriet ich in die Schusslinie der Kritiker von Kollegenkreis und Stammtisch, die mir in Spielberichten eine Überbewertung deines Könnens vorwarfen.

Solche Dinge sind, wie du weißt, sehr menschlich und deshalb verständlich. Verständlich war es auch, dass du mit 24 Jahren den Racing Club de Strasbourg verlassen wolltest, in dem du alle fußballerischen Entwicklungsstufen vom Dreikäsehoch bis zum strahlenden Pokalsieger durchlaufen hattest. Für Monsieur Heintz, deinen Präsidenten, hast du zum »Inventar« gehört und es hat dich geärgert, dass er Spieler, die er von anderen Clubs kaufte, viel großzügiger behandelte.

Und als die Bundesliga, sozusagen vor deiner Haustür, anfing Furore zu machen, da kam dir der Gedanke, einfach über den Rhein zu gehen, der kein Grenzfluss war, als du 1941 in Strasbourg geboren wurdest. Du fühltest dich stark genug, dich in der Bundesliga zu behaupten, und da ich in jener Zeit deinen väterlichen Freund und Trainer Paul Frantz kennen und schätzen lernte, sah ich dich oft genug spielen, um überzeugt davon zu sein, dass der Club, der sich für dich interessierte, keine Katze im Sack kaufen würde.

Aber der VfB fürchtete sich. Schließlich war er auch ein gebranntes Kind, das sich beispielsweise einen Herrn Aust aus Österreich hatte aufschwatzen lassen. Doch ich ließ nicht locker, weil ich wusste, dass der VfB einen Spieler wie dich brauchte. Aber er blieb skeptisch, und Trainer Gutendorf war es auch noch, als er vom Pariser Pokalendspiel heimkehrte. Dafür aber war jetzt Ernst Schnaitmann überzeugt von dir. Er hatte gesehen, wie groß dein Anteil am knappen Sieg deiner Mannschaft gewesen war.

Es dauerte freilich noch einige Zeit, bis der Vertrag zustande kam und ich erinnere mich noch gut des ersten Probetrainings auf dem VfB-Platz, als sich einige deiner neuen Mannschaftskameraden über deine Haare und deine Brille mokierten und Wetten darüber abschlossen, nach wie viel Spielen man dich in die Reserve stecken würde. Und Gutendorf flüsterte seinem Präsidenten zu: »Den schmeißt doch jeder um. Was ich brauche, sind Athleten.«

Besonders gut seid ihr ja dann auch nicht miteinander ausgekommen, weil dein elsässischer Dickschädel nicht von schlechten Eltern ist. Aber umschmeißen hast du dich von keinem lassen. Im Gegenteil. Sehr schnell hat das Stuttgarter Publikum gemerkt, dass dem VfB da kein kleiner Fisch ins Netz gegangen war.

Trotzdem bist du nach der Euphorie der ersten Wochen mit der gesamten Mannschaft in eine Krise geschlittert, und die Katastrophe mit Albert Sing war nicht dazu angetan, deine Moral zu heben. Als er als Barbier von Cannstatt auftrat, gab es im Elsass Leute, die nicht mit der Schadenfreude zurückhielten: »Das hat er jetzt davon, dass er zu den Deutschen ging.«

Erinnerst du dich noch daran, dass wir damals oft zusammensaßen und ich mich bemühte, dir aus deinem moralischen Tief herauszuhelfen? Du hast es schnell überwunden, und auf die Gefahr hin, einige Nörgler auf den Plan zu rufen, behaupte ich, dass dein Können und deine vorbildliche Einstellung zum Profifußball eine große Rolle bei dem gespielt haben, was man die »Renaissance« des VfB nennen könnte. Und jetzt kannst du, als Franzose, sogar Deutscher Meister werden.

Du hast gute Kameraden gefunden und auch viel Entgegenkommen bei deinem Trainer, das bei einem anderen Club keineswegs eine Selbstverständlichkeit ist. In einehalb Stunden kannst du nach Strasbourg fahren, und es gibt nicht viele Bundesligaspieler, die sich eines besseren Einkommens rühmen können. Kein Zweifel freilich, dass auch der Club zufrieden sein kann, denn du gibst gute Leistung für gutes Geld.

Trotzdem zögerst du noch, mit dem VfB einen neuen Vertrag zu machen. Es ist verständlich, dass du an deine Zukunft denkst, aber ich glaube nicht, dass dir Racing Strasbourg oder Bayern München bessere Bedingungen als der VfB bieten können. Gewiss, Strasbourg ist deine Heimat, aber selbst wenn ein Mäzen wie Bauunternehmer Stahl tief in die Tasche greift, bleibt die Tatsache, dass Racing zurzeit nur einen Spieler von echtem Format besitzt, nämlich Torhüter Schuth. Wenn du als zweiter dazukommst, seid ihr immer noch eine mittelmäßige Mannschaft, die vor dürftigen Kulissen spielt, denn auch ein Paul Frantz kann keine Wunder vollbringen.

Nein, Gilbert, Strasbourg kann im Augenblick nicht interessant für einen Spieler sein, der mit dem VfB so viel erreicht hat wie du. Interessanter könnte ein Wechsel zu Bayern München sein, aber es hat sich gezeigt, dass der Verein, den ihr von der Tabellenspitze verdrängen wollt, in finanzieller Hinsicht auch nicht über die Möglichkeiten des VfB hinausgehen kann, obwohl er brennend an dir interessiert ist.

Bleib also in Stuttgart, wo du dich durchgesetzt hast. Es gibt, wie du siehst, dafür nicht nur sentimentale, sondern sehr reale Gründe, die du bei nüchterner Überlegung nicht übersehen kannst.

Den richtigen Blick dafür wünscht dir
Hans Blickensdörfer

Blickensdörfer kannte mich gut und wusste genau, wo er ansetzen musste, damit ich eventuell noch umzustimmen wäre. Einiges in dem Brief war zwar durchaus richtig, vieles aber auch sehr überspitzt und bewusst provokant. Es erscheint rational betrachtet völlig unsinnig, aber dieser offene Brief hat mich letztlich umgestimmt. Er appellierte an meinen Charakter und mein Ehrgefühl und hat damit genau meinen wunden Punkt getroffen. Ich wechselte also nicht zu den Bayern – gegen jede Vernunft. Wie so oft in meiner Karriere fiel die Entscheidung mit dem Herzen und nicht mit dem Kopf. Das war eine der größten Fehlentscheidungen in meiner Laufbahn. Ich hätte wie so oft mehr auf meine Frau hören sollen.

Die Bayern eroberten in den nächsten Jahren Europa und dominierten den nationalen und internationalen Fußball über eine ganze Dekade. Sie reihten Titel an Titel, machten epische Spiele und stellten die besten Spieler der Welt. Natürlich hatte ich eine Superzeit in Stuttgart, auf meiner deutschen Visitenkarte steht aber nichts – kein Titel, kein zählbarer Erfolg. Für jemanden wie mich, der immer nur höchste Ansprüche und Ziele hatte, ist die Titellosigkeit während meiner Zeit in Deutschland bis heute ein Makel.

Ohne Ambitionen

Zwei Tage nach dem Sieg im Konkurrentenduell gegen die Bayern bestellte das VfB-Präsidium ein halbes Dutzend Spieler mit auslaufenden Verträgen in die Geschäftsstelle, um über deren Vertragssituation zu sprechen. Man teilte ihnen mit, dass die Vereinskassen leer seien und es absolut unmöglich wäre, im nächsten Jahr finanziell etwas draufzulegen. Es gäbe nur die Möglichkeit, zu den gleichen Konditionen in Stuttgart zu bleiben oder aber den Verein zu verlassen. Das war natürlich ein Schlag ins Gesicht vieler Spieler und keine gute Motivationsspritze für die letzten fundamental wichtigen Partien auf dem Weg zu einer möglichen deutschen Meisterschaft.

Ich verstand mich mit Dr. Fritz Walter, dem Präsidenten des VfB Stuttgart, außerordentlich gut. In einem Punkt gingen unsere Meinungen aber weit auseinander. Er war ein Mann der alten Schule und stand der Vollprofessionalisierung des Vereins immer etwas im Weg. Er hielt mit dem Club bewusst nicht Schritt bezüglich der Entwicklung im Profifußball. Er wollte stets die Kosten tief halten. Für mich zeichnete sich damals schon ab, dass der VfB damit viel Boden gegenüber modernen Clubs wie Bayern München oder

Borussia Mönchengladbach verlieren und in den nächsten zehn Jahren national wie international in die Bedeutungslosigkeit fallen würde. Wir hatten ein wirklich gutes Team, aber ohne punktuelle Verstärkungen war die Chance, oben mitzuspielen wie in der Saison 68/69, vernichtend gering. Das war aber auch nicht unbedingt Dr. Walters Intuition. Im Gegenteil – nach dem Spiel gegen die Bayern, in dem wir im Meisterschaftskampf mit den Münchnern auf Augenhöhe waren, äußerte er sich mir gegenüber komplett unambitioniert: »Wissen Sie, Gilbert, im Grunde genommen bin ich viel lieber Dritter oder Vierter als Erster. So habe ich nicht die Probleme, die wir dann hätten, wenn wir Erster wären.«

Dr. Walters Aussage erklärt treffend, weshalb ich in Stuttgart eine wunderbare Zeit, aber leider nie etwas gewonnen hatte. Das Ganze regte mich zum Nachdenken an. Ich suchte immer den größtmöglichen Erfolg, war nie mit dem Minimum, sondern minimal mit dem Maximum zufrieden. Ich erkannte damals langsam, dass ich trotz der fabelhaften Zeit, die ich in Stuttgart hatte, meine Karriere kaum hier beenden würde. Ich wollte noch einmal angreifen und die Plattform Stuttgart schien mir nicht weiter dafür geeignet. Ich wollte aber zu der Zeit nichts überstürzen, zumal Dr. Walter kurze Zeit später von seinem Posten zurücktrat und mit Hans Weitpert ein Mann an die Spitze kam, der etwas größere Ambitionen und Visionen hatte. Herr Weitpert blieb mir in prägender Erinnerung, nicht wegen seiner guten Vereinspolitik, sondern wegen seinen violetten Haaren. Die Stuttgarter Fans gaben ihm die Spitznamen »Lila Hans« und »Blaupinne«.

Es stellte sich sehr bald heraus, dass unter seiner Führung der Club nicht erfolgreicher werden würde als unter Dr. Walters. Er hatte zwar eine sehr offensive Einkaufspolitik, aber darin und auch in der Geschäftsführung kein gutes Händchen. So musste er im Frühling 1975 seinen Posten räumen und hinterließ seinem Nachfolger Gerhard Mayer-Vorfelder einen maroden Club, der zudem in der Saison in die 2. Bundesliga abstieg. Zuvor war der VfB nur 1923/24 für eine einzige Saison zweitklassig gewesen.

Adieu VfB

Hans Blickensdörfer, der mich ein Jahr zuvor mit seinen offenen Briefen zu einem Verbleib in Stuttgart bewegte, war ein guter Freund von mir. Er fuhr einen Citroen DS, rauchte Gitanes, eine französische Zigarettenmarke, und wollte sich mit mir stets in Französisch unterhalten. Er war ein bewundernswerter Mensch und einer meiner größten Förderer. Im zweiten Weltkrieg geriet er in französische Kriegsgefangenschaft und flüchtete sieben Mal. 1973 veröffentlichte er den autobiografischen Roman »Die Baskenmütze«, der ein Bestseller und in achtzehn verschiedenen Sprachen übersetzt wurde. Das Buch wurde Anfang der Achtzigerjahre sogar in einer deutsch-französischen Co-Produktion verfilmt.

Zum Jahresende 1970 fand die Weihnachtsfeier des VfB Stuttgart statt, zu der Blickensdörfer als einziger Journalist eingeladen war. Ich empfand das sehr sonderbar, es war absolut unüblich, Leute von der Presse zu internen Vereinsfeierlichkeiten einzuladen. Mir fiel rasch auf, dass er sich ständig und sehr angeregt mit dem neuen VfB-Präsidenten Hans Weitpert unterhielt. Dazwischen verschwand er kurzzeitig zum Telefonieren, um anschließend die Konversation mit Herrn Weitpert wiederaufzunehmen. Wie sich kurz darauf herausstellte, wovon ich aber nichts wusste, hat Blickensdörfer hinter meinem Rücken im Auftrag von Präsident Weitpert, der kein Französisch sprach, mit Marcel Leclerc, dem damaligen Präsidenten von Olympique Marseille, über einen Wechsel von mir nach Frankreich gesprochen. Ich hatte ein Jahr zuvor schon einmal Kontakt mit Leclerc anlässlich eines Freundschaftsspiels gegen Marseille in Paris gehabt. Damals sprach er mich im Mannschaftshotel an, es blieb aber bei einer freundlichen Unterhaltung ohne weitere Maßnahme.

Nach der Vereinsfeier fuhr ich mit meiner Frau nach Strasbourg, um die Festtage mit der Familie zu verbringen. Zwei Tage später klingelte zu Hause das Telefon. Mein griechischer Freund Nico war in der Leitung und fragte aufgeregt: »Gilbert, was ist da los? In der Stuttgarter Zeitung steht, dass du 250 000 Mark forderst, damit du in Stuttgart bleibst!«

Das kam überhaupt nicht gut an bei den Stuttgarter Fans. Blickensdörfer und Weitpert hatten diese Summe frei erfunden, es gab nie ein konkretes Gespräch zwischen mir und dem VfB Stuttgart. Aufgrund dieses Vorfalls ging meine Freundschaft mit Blickensdörfer in die Brüche. Trotzdem hat er mir viele Jahre später immer wieder Informationen geliefert, auf welchen Vereinszetteln mein Name in Bezug auf eine Trainerfunktion angeblich stehen würde. Später konnte er nie begreifen, warum ich so lange in Neuchâtel blieb.

Eines Tages rief er mich an und meinte: »Mit diesem Provinzclub gewinnst du nie einen internationalen Titel!« Nach einem längeren Wortgefecht legte ich schließlich auf. Ich sah Hans 1994 noch einmal anlässlich einer Pressekonferenz zu meiner Verabschiedung aus Strasbourg, drei Jahre später verstarb er 74-jährig.

Die hinter meinem Rücken geführten Verhandlungen zwischen dem VfB und Marseille passten mir natürlich nicht. Kurz danach rief mich Marcel Leclerc direkt an und wollte sich mit mir in Paris für direkte Gespräche treffen. Ich antwortete ihm, außer aus der Presse wisse ich nichts von meinen Wechselabsichten, zuerst müsse ich mit meinem Trainer Branko Zebec sprechen. Ich rief daher Zebec umgehend an, um mich zu erkundigen, wie sein Informationsstand wäre. Er war völlig überrascht und meinte, er wisse nicht, wovon ich spreche, er würde umgehend Präsident Weitpert anrufen und die Sache richtigstellen.

Kurze Zeit später meldete sich Zebec wieder und beteuerte, es wäre alles in Ordnung, der Präsident würde dementieren, mit Marseille in Kontakt zu stehen. Er bestünde darauf, dass ich mich am 26. Dezember am Flughafen einfinde, um mit der Mannschaft ins Trainingslager nach Tunesien zu fliegen.

Nach den Gesprächen war ich unsicher, wer denn nun die Wahrheit sagte, mein Gefühl sagte mir aber, dass Weitpert mich hinter meinem Rücken und ohne mein Einverständnis verkauft hatte. Marcel Leclerc meldete sich dann noch einmal bei mir und meinte, wenn ich an seinen Aussagen zweifeln würde, solle ich am 25. Dezember nach Paris kommen. Dort würde ich dann den Schatzmeister des VfB Stuttgart mit einem Koffer sehen. Als ich Zebec davon berichtete, schrie er mich an: »Wenn du übermorgen, am 26. Dezember, nicht pünktlich am Flughafen bist, kriegst du eine Strafe, die sich gewaschen hat.«

Nach dieser Unterhaltung hörte ich nie mehr etwas von Zebec. Ich traf mich folglich mit dem Präsidenten Marcel Leclerc in Paris und einigte mich mit ihm rasch auf einen Zweieinhalbjahresvertrag von Winter 1971 bis Sommer 1973. Die Stuttgarter Zeitung titelte mit Anspielung auf die Tatsache, dass ich unmittelbar vor Abreise ins Trainingslager verkauft wurde: »Gilbert Gress: Und es blieben nur die Schuhe.«

Die Transferperiode endete am 31. Dezember. Zurück in Stuttgart besuchte ich dann Stuttgarts Präsident Hans Weitpert, um ihn von meinem definitiven Wechsel nach Marseille zum Rückrundenauftakt in Kenntnis zu setzen und sicherzustellen, dass der Transfer noch fristgerecht über die Bühne gehen konnte. Weitpert begann allerdings zu taktieren und meinte, so einfach ginge das nicht. Ich hätte damals zum Vertragsabschluss ein Handgeld kassiert, demnach könne ich nicht ein halbes Jahr vor Vertragsende einfach so gehen. Das würde rechtlich keinen Bestand haben und er könnte mich zwingen, in Stuttgart zu bleiben, um meinen Vertrag bis zum Sommer auszusitzen.

Ich kochte vor Wut – schließlich war er es, der mich hinter meinem Rücken verkaufen wollte. Zudem bekam der Club gutes Geld für meinen Transfer. Ich wollte das Ganze aber logischerweise schnell über die Bühne bringen und mich in Marseille auf den Rückrundenstart vorbereiten – ohne Nebengeräusche. Schließlich meinte er, ich solle als Gegenleistung für die vorzeitige Vertragsauflösung meinen Mercedes 280 SL in Stuttgart lassen. Dann wäre die Angelegenheit für ihn und den Club erledigt.

Ich Dummkopf ging darauf ein, was keine gute Entscheidung war, weil das Auto als Bestandteil meiner Vertragsleistungen komplett mir gehörte. Noch heute ärgere ich mich maßlos über diese Entscheidung. Ein klein wenig Genugtuung widerfuhr mir dann wenigstens später, als ich erfuhr, dass Weitpert wegen des Autos Probleme mit dem Fiskus bekam, weil er das Fahrzeug nicht korrekt versteuerte. Ein größeres Bußgeld wurde fällig.

Da ich so schnell keinen neuen fahrbaren Untersatz organisieren konnte, lieh mir Weitpert wenigstens seinen schon etwas betagten BMW, um nach Hause, nach Strasbourg fahren zu können. Wir vereinbarten, dass ich das Auto kurz vor einem Freundschaftsspiel mit Marseille in Le Mans von einem Freund nach Paris bringen lassen würde, woraufhin ich dann nach dem Spiel (wir hatten anschließend zwei Tage frei) mit dem Wagen nach Strasbourg zurückfahren und das Auto dort wieder wechseln sollte. Ich fuhr, nachdem es mit der Übergabe schon nicht so geklappt hatte wie geplant, verspätet los und der Nacht entgegen. Ich würde erst sehr spät in Strasbourg ankommen, so viel war sicher. Auf halbem Weg zwischen Paris und Strasbourg, es war genau fünf Minuten vor Mitternacht, fuhr ich leicht bergan durch einen Wald, als plötzlich der Motor merkwürdige Laute von sich gab und zu meinem Entsetzen kurze Zeit später absoff. Ich schaffte es gerade noch über die kleine Anhöhe und konnte den Wagen anschließend langsam bergab rollen lassen.

Mir schossen die schlimmsten Szenarien durch den Kopf. Wenn ich hier mit dem Auto stehen blieb, würde mich eine sehr unbequeme Nacht erwarten. Weit und breit gab es weder Anzeichen von Zivilisation, geschweige denn eine Telefonzelle. Doch dann sah ich plötzlich von Weitem ein Licht flackern – ein Hoffnungsschimmer. Dank dem Schwung der Anhöhe rollte das Auto bis zur Lichtquelle und ich stellte fest, dass es sich um eine Tankstelle handelte, vor deren Eingang sich zwei Männer unterhielten. Ich konnte mein Glück kaum fassen, ich war in meinem Leben selten so froh, irgendwo Menschen zu sehen.

Ich berichtete den beiden, dass mein Auto große Probleme machte, ich nicht weiterfahren könne und zwingend auf dem schnellsten Weg nach Strasbourg zurück müsste. Es stellte sich glücklicherweise heraus, dass die Tankstelle gleichzeitig auch eine lizenzierte Hertz-Filiale war, in der man Autos mieten konnte. Die Männer meinten, ich hätte unwahrscheinliches Glück gehabt, fünf Minuten später wären sie nicht mehr da gewesen. Ich kam so zu einem Ersatzauto und konnte meine Reise glücklich fortsetzen.

Côte d'Azur

Olympique Marseille war damals wie heute der beliebteste Club in Frankreich. Egal ob der Verein sich gerade im Fußball-Oberhaus oder in einer Amateurliga befand. Woran dieser Umstand festzumachen ist, kann man gar nicht so genau sagen. Sicherlich ist das einmalige Lebensgefühl an der Côte d'Azur mitverantwortlich, und natürlich hat das auch viel mit ihren extrovertierten, ehemaligen Präsidenten wie Marcel Leclerc in den Sechziger- und Bernard Tapie in den Achtzigerjahren zu tun, um die sich viele Geschichten und Legenden gebildet haben.

Marcel Leclerc, der mich nach Marseille holte, war Mitte der Sechzigerjahre Journalist in Paris und nahm eines Tages Kontakt zu Mario Zatelli, dem damaligen Trainer und der bis heute größten Identifikationsfigur des Vereins, auf. Er erklärte ohne Umschweife, dass er gern Präsident in Marseille werden möchte. Zatelli entgegnete, dass just am nächsten Tag eine Sitzung zum Thema neuer Präsident stattfinden würde, zu der er gern kommen könne. Allerdings warnte ihn Zatelli: Er wäre der fünfte Präsident in den letzten drei Monaten, niemand hätte es bisher länger als drei Wochen ausgehalten.

Damals war Marseille in der zweiten Liga und hatte gerade einen zweifelhaften Zuschauerminusrekord aufgestellt: Zu einem Heimspiel gegen Forbach kamen gerade einmal 434 zahlende Zuschauer. Vierzehn Tage später gegen Besançon kamen 300 mehr – in einem Stadion, das mindestens 45 000 Zuschauer fasste.

Leclerc fand sich an der von Zatelli angegebenen Adresse am Abend des nächsten Tages ein und rieb sich verwundert ob der Einrichtung des Raumes, in dem die Sitzung stattfand, die Augen. Er sah vier Stühle und einen Tisch, auf dem in der Mitte eine brennende Kerze stand. Als Leclerc das Licht anschalten wollte und sich nichts tat, erklärte ihm Zatelli, dass der Club derart pleite wäre, dass man ihnen sogar den Strom abgeschaltet hätte.

Leclerc wurde trotzdem Präsident und sanierte den Club von Grund auf. Marseille spielte ab 1966 wieder oben mit und gewann 1968/69 den französischen Cup, noch mal zwei Jahre danach den französischen Meistertitel und ein Jahr später schließlich das Double. Der Club machte öfter durch Berg- und Talfahrten von der Erst- in die Zweitklassigkeit und wieder zurück von sich reden und lieferte dazwischen auch den einen oder anderen kleinen oder großen Skandal. Trotzdem wurden immer wieder riesige Erfolge gefeiert. Mein Wechsel in die französische Hafenstadt sollte ebenfalls ein Spektakel sein und zudem für mich zu einer fabelhaften Zeit werden.

In Marseille wurde mir ein sehr warmer Empfang bereitet. Die Fans schwenkten Plakate, Banderolen mit meinem Namen und zeigten ihre Freude deutlich mit »OM dans l'allez Gress«. Präsident Marcel Leclerc hatte große Pläne und wollte neben dem sportlichen Erfolg auch für mehr Aufmerksamkeit von außen sorgen. Er meinte damals bei meiner Verpflichtung: »Ich habe Magnusson zum Dribbeln, Skoblar ist ein Knipser, Bonnel ist ein Läufer und ich habe Sie, als Denker und Lenker. Ich zähle auf Sie.« Leclerc war immer darauf aus, die Mannschaft mit möglichst vielen Topleuten zu verstärken und kein Mittel war ihm dafür zu schade. Er legte sehr viel Wert auf die Moral und den Charakter der Spieler und ermahnte diese immer: »Tut das, was ich sage, aber macht nicht, was ich tue.«

Eines Abends saßen wir im Clubhaus mit Vertretern von Fan-Clubs zusammen, als Leclerc mir gegen Mitternacht zurief: »Alsacien! (Elsässer, so nannte er mich stets) Kommen Sie mal zu mir rüber, Sie müssen für mich einen Anruf machen.« Er gab mir einen Zettel mit einer deutschen Telefonnummer und ergänzte, dass ich für ihn den deutschen Nationalspieler und Weltmeister Jürgen Grabowski von Eintracht Frankfurt anrufen solle, denn er selbst sprach kein Deutsch. Allerdings war die Uhrzeit in meinen Augen nicht die geeignetste, was ich dem Präsidenten auch versuchte klarzumachen. Leclerc aber war das völlig egal: »Rufen Sie an!« Ich wählte also die Nummer und ließ es etliche Male klingeln, bis sich am anderen Ende eine verschlafene Stimme mit einem klingenden »Hallooo?« meldete. Es war offensichtlich seine Mutter, die natürlich längst zu Bett gegangen und durch den Anruf geweckt worden war. Ich entschuldigte mich für die späte Störung und fragte, ob denn der Jürgen zu Hause sei. Sie verneinte und meinte, ihr Sohn sei mit Eintracht Frankfurt unterwegs. So war das damals: Wenige Agenten, keine E-Mails, keine Kurznachrichten. Wollte man etwas von einem Spieler, dann rief man ihn einfach an – und das manchmal auch zu einer ungewöhnlichen Uhrzeit.

Eine ähnliche Geschichte erlebte ich später selbst mit Bernard Tapie nach der erfolgreichen Europacup-Kampagne mit Neuchâtel Xamax in der Saison 86/87. Ich hatte ein Spiel mit Xamax im Tessin, als Tapie bei mir zu Hause anrief und meine Frau abhob. Er fragte, ob ich daheim wäre, woraufhin meine Frau verneinte und ergänzte, ich würde erst sehr spät aus dem Tessin zurückkehren und es würde wohl 3.00 Uhr morgens werden, bis ich zu Hause wäre. Er fragte anschließend meine Frau, ob er mich um 3.00 Uhr morgens anrufen dürfe.

Um Punkt 3.00 Uhr in der Früh klingelte dann das Telefon. Tapie erkundigte sich nach Heinz Hermann, der sich zu der Zeit in blendender Form befand und unter anderem auch von Marseille beobachtet wurde. Das Gespräch erledigte sich allerdings rasch, da wir noch im Europacup spielten und Hermann dabei für Xamax zu wichtig war. Eine

Freigabe zog ich, respektive der Club, demzufolge überhaupt nicht in Erwägung.

Die Erwartungshaltung der Fans mir gegenüber war groß. Mein erstes Spiel gegen Ajaccio war dann auch gleich ein Volltreffer. Die Gazetten feierten meinen Einstand mit Schlagzeilen wie: »Gress enflamme Marseille!«

Eine meiner schönsten Erinnerungen an die Zeit in Marseille ist die Geschlossenheit und die tolle Moral der Mannschaft. Den Charakter, den wir entwickelt hatten, die Ambitionen, Großes zu erreichen, das alles hat uns eine Winner-Mentalität eingeimpft, etwas, das jeder einzelne Spieler verinnerlicht hatte. Eine solche Chemie ist die allerbeste Basis, um langfristigen Erfolg zu haben. Dazu braucht man einen guten Trainer wie Lucien Leduc, der mit Fußballfachwissen, aber auch mit einer hohen sozialen Kompetenz ausgestattet war.

Auf der anderen Seite benötigt man intelligente Spieler, die sich hundertprozentig der Sache widmen und keine Individualisten sind. Jeder muss alles dem gemeinsam definierten Ziel unterordnen, potenzielle Unstimmigkeiten müssen direkt angesprochen und ausgeräumt werden können. Während meiner ganzen Karriere habe ich nie wieder eine so gute Atmosphäre und Kameradschaft gespürt wie damals bei Olympique. Wir spielten taktisch gesehen zwar keinen sehr hochklassigen, dafür aber einen spektakulären und erfolgreichen Fußball.

Man kann es Schicksal nennen – am letzten Spieltag meiner Premieren-Saison 70/71 in Marseille trafen wir auf meinen Stammverein Racing Strasbourg. Bei beiden Vereinen ging es um sehr viel. Marseille fehlte lediglich noch ein Punkt, um die Meisterschaft zu gewinnen. Strasbourg hingegen benötigte einen Zähler, um den Ligaerhalt zu schaffen und nicht in die Zweitklassigkeit abzusteigen. Racing ging davon aus, dass wir 0:0 spielen würden, doch weit gefehlt. Wir spielten uns im heimischen Stade de Vélodrome in einen wahren Rausch und führten schnell mit 5:1. Am Ende gewannen wir mit 6:3 und wurden Französischer Meister. Auf diesen Titel hat Marseille 23 Jahre lang warten müssen. Strasbourg allerdings stieg in die zweite Liga ab und sah schwere Zeiten auf sich zukommen.

Im Vorfeld des Heimspiels gegen Saint-Etienne in der Saison 71/72 wurde bekannt, dass mein sehr guter Freund aus Strasbourger Tagen, Robert Wurtz, die Partie leiten würde. Wir waren beste Freunde in der Jugend, hatten fast zehn Jahre zusammen als Junioren bei Racing gespielt und unsere Väter waren ebenfalls befreundet. Wir blieben über all die Jahre immer in Kontakt. Ich schätzte seine Charakterstärke, seine Bereitschaft, auch kritische, unpopuläre Entscheidungen zu fällen und seine gute Spielbeobachtung. Ich freute mich immer, wenn wir uns sahen, wir hatten wirklich ein sehr enges Verhältnis. Umso mehr gönnte ich es ihm, dass er zu den besten Unparteiischen in Europa gezählt wurde.

Das Match verlief dann schließlich ausgeglichen. Bis kurz vor Schluss stand es 2:2 unentschieden, als Saint-Etienne aus stark abseitsverdächtiger Position ein Tor schoss. Der Linienrichter hatte zuerst Abseits angezeigt, den Arm aber wieder zurückgezogen. Ich kochte vor Wut, für mich war die Situation glasklar. Wurtz interpretierte den Vorfall allerdings so, dass der Linienrichter nach seiner Auffassung zuerst falsch lag, seine Entscheidung aber umgehend und rechtzeitig revidierte. Er gab den Treffer und wir verloren 2:3. Der Linienrichter hatte das Spiel entschieden.

Solche Phänomene mit zweifelhaften Abseitsentscheidungen und verunsicherten Schiedsrichterassistenten gibt es heute durch die passive Abseitsregel eher noch häufiger als damals. Wer mich öfter mal auf dem Fernsehschirm sieht und hört, hat sicherlich längst mitbekommen, dass ich ein militanter Gegner dieser Regelreform bin. Die ursprüngliche Abseitsregel war logisch. Jetzt heben die Assistenten nur noch die Fahne, wenn der abseits stehende Angreifer nach Passabgabe seines Mitspielers den Ball anschließend auch berührt. Tut er das nicht, ist er passiv und das Spiel läuft weiter. Das ergibt für mich einfach keinen Sinn. Die Absicht, einen abseits stehenden Spieler anzuspielen, egal ob er den Ball dann berührt oder nicht, müsste nach meiner Ansicht eine Abseitsentscheidung der Unparteiischen nachsichziehen.

Nach dem Spiel wurde ich zusammen mit meinem Teamkameraden Bernard Bosquier ins Fernsehen eingeladen, um über die Ereignisse zu sprechen. Ich war stinksauer und brüskierte mich darüber, dass 22 Leute auf dem Spielfeld gesehen hätten, dass es zum einen Abseits war und zum anderen der Linienrichter es klar angezeigt hatte. Nur dem Mann in Schwarz sei es entgangen. Vielleicht regte ich mich ein bisschen zu sehr auf, es ist bekanntlich nicht sehr geschickt, sich nach einem Spiel despektierlich gegenüber einem Unparteiischen zu äußern. Ich konnte aber nicht aus meiner Haut in dem Moment, zu tief saß der Frust über die ungerechte Niederlage.

Wurtz saß da bereits im Zug zurück nach Hause und konnte das Interview somit nicht live sehen. In Strasbourg angekommen, suchte ihn umgehend sein Vater auf, und erzählte ihm, was ich im Fernsehen geäußert hatte. Wurtz versuchte anschließend mit dem offiziellen Spielbericht alles, um aufgrund meiner Aussagen im Fernsehen meine Suspendierung zu erreichen. Ohne Erfolg, das Ganze hatte glücklicherweise keine Folgen für mich. Unsere Freundschaft hingegen zerbrach daran, wir hatten jahrelang keinen Kontakt mehr. Erst als ich viele Jahre später in Neuchâtel Trainer war und ihn im Rahmen des Alpencups wieder traf, entspannte sich die Situation langsam. Gilbert Facchinetti, der langjährige Xamax-Präsident, wusste von unseren Differenzen und lud uns nach dem Spiel gemeinsam zum Abendessen ein. Wir gaben uns die Hand und wurden wieder genauso gute Freunde wie vorher. Noch heute treffen wir uns regelmäßig.

Aber über die Situation von damals sind wir uns nach wie vor uneinig.

Am Ende der Saison 71/72 führten wir in der Tabelle bei noch sechs verbleibenden Partien mit sieben Punkten Vorsprung auf den Zweitplatzierten. Trotzdem beschloss das Präsidium in Marseille, Trainer Lucien Leduc fristlos zu entlassen. Sie warfen ihm vor, eine übergewichtige Mannschaft mit mangelnder Fitness zu haben. Das war in meinen Augen ein Skandal. Ich ergriff öffentlich Partei für Leduc und bemerkte zynisch, dass ich mich körperlich nie besser gefühlt habe. Außerdem würde sein Palmarès für ihn sprechen. Im Vorjahr waren wir Meister, nun hatten wir die zweite Meisterschaft in Folge fast sicher und standen im Cup-Halbfinale.

Lucien Leduc und ich waren gute Freunde, auch unsere Frauen kannten und verstanden sich gut. Vor sonntäglichen Auswärtsspielen besuchten wir gemeinsam mit einigen anderen Spielern die Sonntagsmesse. Er war ein ehrlicher, rechtschaffener Mensch und ein wunderbarer Trainer. So einen Abgang hatte er definitiv nicht verdient. Beide Meisterschaften und den Pokalsieg konnten nicht enger mit seinem Namen und seinen außerordentlichen Leistungen verbunden sein. Unmittelbar nach seiner Entlassung trafen wir uns bei mir zu Hause. Er war völlig niedergeschlagen und konnte sich genau wie ich überhaupt nicht erklären, warum der Club so handelte. Es gab schlichtweg keinen Grund.

In diesem Jahr sollte mittels eines Benefizspiels zwischen einer Auswahl aus Marseille- und Saint-Etienne-Spielern und dem FC Santos (mit dem großen Pelé) Geld für eine Krebsstiftung gesammelt werden. Das Spiel fand im Parc des Princes in Paris statt und war auch abseits des Platzes prominent besetzt. Das Zuschauerinteresse war groß, über 40 000 Besucher wollten sich diese Partie ansehen. Die französische Filmschauspielerin Brigitte Bardot sorgte in einem tief ausgeschnittenen rot-weiß-blauen Kleidchen für den Anstoß. Leider ging das Spiel letztlich torlos aus, doch für einen guten Zweck würde das Resultat keine Rolle spielen, schließlich stand der karitative Gedanke im Vordergrund – so dachte ich naiv.

Als ich dann aber am Ende des Monats auf meiner Gehaltsabrechnung eine Prämie für dieses Spiel aufgeführt sah, war ich irritiert, ja eher schockiert. Ich erkundigte mich umgehend beim Schatzmeister, warum es eine Prämie für ein Spiel gab, das ausschließlich karitativen Charakter hatte. Ich bekam darauf keine abschließende Antwort.

Später erfuhr ich dann mittels eines Enthüllungsbuches und diversen Presseartikeln, dass dieses Spiel nicht einen Franc Erlös für die gute Sache abgeworfen hatte. Nichts war übrig geblieben, keine Spende war an die Stiftung geflossen. In meinen Augen war das ein Riesenskandal. Ich habe mir damals geschworen, dass ich zukünftig nur noch bei Projekten mitwirke, bei denen sichergestellt ist, dass das erwirtschaftete Geld garantiert, effektiv und kontrolliert an die entsprechenden Institutionen fließt.

Meine Anwesenheit in Marseille wurde von den Fans sehr geschätzt, aber es gab auch Leute im Vorstand, die nicht mit mir einverstanden waren, weil Präsident Marcel Leclerc mich damals im Alleingang verpflichtet hatte. Nachdem ich öffentlich Partei für Lucien Leduc ergriff, war mein Schicksal besiegelt, ein Verbleib in Marseille fast nicht mehr möglich.

Wenige Wochen nach dem Rausschmiss des Trainers musste auch Präsident Leclerc seinen Hut nehmen. Leclerc kam eines Abends zu mir und setzte sich auf denselben Stuhl, auf dem auch mein Freund Leduc damals saß, wenn er mich besuchte. Leclercs Gemütszustand war durchaus auch mit jenem von Leduc vor kurzer Zeit zu vergleichen. Mehr sogar, er brach beinahe zusammen und hatte Tränen in den Augen. Der Clubvorstand zwang ihn wegen angeblicher finanzieller Ungereimtheiten in den Büchern zum Rücktritt.

Nach einem Meisterschaftsspiel, bei dem wir teilweise vom eigenen Publikum ausgepfiffen worden waren, war ich mit dem Journalisten Gérard Ernault von France Football verabredet. Er wies mich darauf hin, dass wir von den eigenen Fans ausgepfiffen worden wären, woraufhin ich entgegnete, dass das ja höchstens 100 gewesen sein könnten. Er meinte dann aber, es wären mehr, woraufhin ich sagte, okay dann wären es halt 200. Als er dann noch mal sagte, es wären mehr, antwortete ich schließlich: »Okay, dann waren es halt 43 000 Dummköpfe.« Zwei Tage später rief er mich an und fragte, ob er das wirklich so drucken dürfe. Ich gab ihm ausdrücklich die Erlaubnis. Man kann sich gut vorstellen, dass mein Zitat wie ein Orkansturm durch den Blätterwald fegte. »Le Provencial« widmete der Schlagzeile eine ganze Seite und ergänzte in Rot: »Er hat sie gezählt – es sind 43 000 Dummköpfe!«

Nach diesem Vorfall erhielt der neue Präsident René Gallian an mich gerichtete Morddrohungen, womit ihm nach seiner Aussage nichts anderes übrig blieb, als mich für das darauffolgende Spiel gegen Nîmes aus dem Kader zu nehmen. Er schickte mich für ein paar Tage nach Strasbourg. Diverse Leserbriefe, die danach in derselben Zeitung veröffentlicht wurden, waren zu meiner großen Überraschung aber allesamt positiv mir gegenüber.

Ohne Leclerc, respektive mit René Gallian an der Vereinsspitze, konnte ich kein neues Vertragsangebot von Marseille erwarten. Es tat mir in der Seele weh, die großartigen Leute in Marseille, das tolle Team und die wunderschöne Stadt zu verlassen. Mir war aber auch völlig klar, dass mit dieser Art der Vereinspolitik keine weiteren Meisterschaften mehr gewonnen werden können. Die Resultate in den Folgejahren zeigten das dann auch in aller Deutlichkeit. Der Club verschwand für einige Zeit in der Zweitklassigkeit. Den nächsten Meistertitel gewann Marseille erst 17 Jahre später.

Zurück zu den Wurzeln

Nach meinem Weggang von Marseille wollte mich der französische Erstligist Bastia verpflichten, konnte mich allerdings durch meinen Wegzug aus Marseille nicht schnell genug erreichen. Obendrein hatte ich mich bereits für eine Rückkehr nach Strasbourg entschieden und so nie die Gelegenheit, mit den Clubverantwortlichen von Bastia zu sprechen. Ich unterschrieb einen Zweijahresvertrag bei meinem Stammverein. Der damalige Trainer hieß Casimir Novotarski und mit Robert Domergue wurde vor Kurzem auch ein neuer Sportdirektor installiert. Dieser stand während des Trainings regelmäßig im Trainingsanzug an der Seitenlinie. Ich habe mir damals schon gesagt, dass, wenn ich später einmal Trainer sein sollte, kein Sportdirektor mit Trainingsklamotten im Training aufzutauchen hat. Racing spielte damals einen Fußball, der »droit au but« genannt wurde, frei übersetzt: »Direkt aufs Tor.« Ich war kein Fan dieser Spielweise und machte daraus auch keinen großen Hehl.

Eines Tages unterhielt ich mich mit Domergue und versuchte ihm zu vermitteln, dass wir so nicht weiterspielen konnten, ansonsten würden wir in die zweite Liga absteigen. Er fragte mich, wie ich denn spielen lassen würde. Ich entgegnete, dass man nicht blindlings immer den Torerfolg suchen dürfe, sondern die Angriffe sauber vortragen, das Spiel breit machen und genaue Pässe spielen soll. Auch die Laufwege müssten stimmen, jeder soll anspielbar sein. Wenn das nicht jeder Einzelne im Team verinnerlichte, konnte es nicht funktionieren. Intelligenz sei gefragt.

Ich wusste, dass ich mit meiner Analyse richtig lag, auch wenn ich mit meiner Meinung ziemlich allein stand. Am nächsten Tag äußerte sich Sportdirektor Domergue zur aktuellen Situation in der Zeitung »Les Dernières Nouvelles d'Alsace« mit der Titelzeile: »Gilbert Gress möchte, dass wir einen Großvaterfußball spielen.« Daraufhin sah ich mich bald Pfiffen im eigenen Stadion ausgesetzt, selbst dann, wenn ich sehr gut gespielt oder ein Tor geschossen hatte.

Sportlich lief es katastrophal. Das Team wurde ständig durcheinandergewürfelt, es entwickelte sich kein richtiger Mannschaftskern und keine Kontinuität. Ich dachte damals bereits mehr als Trainer denn als Spieler und erachtete das als großes Problem.

Trainer Novotarski hatte stets die Rückendeckung der Mannschaft, nicht aber die des Präsidiums. Deshalb musste er bei der anhaltenden Erfolglosigkeit schließlich seinen Hut nehmen. Sein unmittelbarer Nachfolger hieß Robert Domergue. Das war keine große Überraschung, er hatte nur darauf gewartet, die Sache selbst in die Hand zu nehmen. Meine Begeisterung hielt sich in Grenzen, aber ein Gutes hatte das Ganze: Domergue ließ uns so spielen, wie ich es ihm vorgeschlagen hatte. Natürlich verkaufte er die Umstellung des Spielsystems und den daraus resultierenden Erfolg als seine Handschrift. Die Folge war, dass wir eine sehr gute zweite Saisonhälfte spielten und hinter Saint-Etienne die zweitbeste Mannschaft der Rückrunde waren. Wir beendeten die Saison schließlich als Achter.

Für die neue Saison wurde nach der Interimslösung mit Robert Domergue ein neuer Trainer verpflichtet, der Holländer Hennie Hollink. Domergue blieb Sportdirektor und übergab dem neuen Coach eine durchaus funktionierende Mannschaft. Jeden Abend bestellte er Hollink im Trainingslager auf sein Zimmer, der ihm daraufhin erläutern musste, wie er den nächsten Trainingstag gestalten würde. Die ganze Mannschaft fand das absolut lächerlich. Ein Sportdirektor darf nicht in die alltägliche Arbeit des Trainers eingreifen. Das diskreditiert den Trainer vor dem ganzen Team und jeder Coach, der etwas auf sich hält, lässt sich das auch nicht gefallen. Die beiden hatten zudem komplett andere Ansichten. Hollink wollte Fußball wie die Holländer in den Siebzigerjahren spielen lassen, Domergue hingegen nicht. Der Ärger war also vorprogrammiert und ich beschloss, dass ich auf keinen Fall zwischen die Fronten geraten wollte.

Die Trainingseinheiten verkamen langsam zu bizarren Veranstaltungen. Beide beäugten sich während des Trainings, fast bereit, sich vor den Spielern gegenseitig zu prügeln. Da lag viel Testosteron in der Luft, die Stimmung war ständig geladen. Denkbar schlechte Voraussetzungen für eine erfolgreiche Saison, wir fanden uns daher am Ende der Saison letztlich nur auf dem neunten Platz der Tabelle wieder.

Nach zwei wirklich schwierigen Jahren und meinem auslaufenden Vertrag zum Saisonende stand ein Gespräch mit dem damaligen Präsidenten Philippe Fass an. Wir einigten uns auf einen weiteren Zweijahresvertrag. Vor der letztendlichen Unterschrift waren aber einige neue Leute im Vorstand aufgetaucht, die bei gewissen Entscheidungen auch ein Wörtchen mitreden wollten. Zwei Vorstandsmitglieder wollten mir nur einen Einjahresvertrag mit Option auf automatische Verlängerung anbieten, wenn ich mindestens 22 Saisonspiele bestreite. Fass suchte anschließend das Gespräch mit mir und versuchte, die neuen Bedingungen des Vorstands schönzureden. Er meinte, dass ich doch ohne Probleme auf die 22 Spiele kommen würde und ich noch zwei schöne Jahre in Strasbourg vor mir hätte. Das war ein indirekter Angriff auf den Präsidenten, der von einigen Gruppierungen innerhalb des Vorstandes aus seinem Amt gehebelt werden sollte.

Es kam mir dann recht, dass mich ein Freund aus der Schweiz anrief und mir mitteilte, dass er gerade mit Gilbert Facchinetti, dem Präsidenten des Schweizer Nationalliga A-Clubs, Neuchâtel Xamax, sprechen würde. Dieser zeigte großes Interesse an einer Verpflichtung. Wir wurden uns schließlich nach einem Treffen sofort einig – per Handschlag. All die Jahre in Xamax hatte ich mit dem Club respektive mit Präsident Facchinetti keinen schriftlichen Vertrag. Außer einem Händedruck bestand zwischen uns keine weitere Vertragsbasis. Natürlich ist das aus heutiger Sicht naiv und leichtsinnig, aber ich bin nun einmal so gestrickt und Facchinetti war mir gegenüber immer ein Mann von Ehre, der zu seinem Wort stand, genauso wie ich. Heute würde ich logischerweise jedem davon abraten, eine vertraglich schriftliche Absicherung muss natürlich immer sein. Ich musste das später auch aus eigener schmerzlicher Erfahrung lernen.

Der Ruf der Schweiz

Neuchâtel Xamax verpflichtete mich für die Saison 75/76 offiziell als Spielertrainer. Präsident Gilbert Facchinetti wollte mich auf halbem Weg zwischen Neuchâtel und Strasbourg treffen – in Genf. Normalerweise wäre Basel die halbe Strecke, weshalb Facchinetti damals Genf vorschlug, ist mir bis heute ein Rätsel. Da ich aber noch gar nicht genau wusste, wo Neuchâtel lag, hatte ich das nicht hinterfragt. Die Doppelfunktion Spieler und Trainer war damals im Profifußball nicht unbedingt an der Tagesordnung, aber auch nicht ungewöhnlich. Für mich vollzog sich so der perfekte Wechsel vom Spieler zum Coach Gilbert Gress. Ich konnte meinem Team durch meine Erfahrung und Präsenz auf dem Platz helfen und gleichzeitig auch die Aufstellung, das Spielsystem und die Taktik vorgeben. Eine ideale Ausgangslage.

Ursprünglich verpflichtete mich Präsident Gilbert Facchinetti allerdings lediglich als Spieler. Dass ich die Mannschaft auch coachen sollte, war mir bei unserem Vertragsgespräch noch nicht klar. Kurz nach Schließung unseres mündlichen Vertrages wandte er sich erneut an mich und sagte, er denke, ich würde auch einen sehr guten Trainer abgeben. Das war ein cleverer Zug von ihm, er wusste durch unsere Gespräche, dass es mein mittelfristiges Ziel war, ein Traineramt zu übernehmen. So hatte er jemanden gefunden, der zwei Funktionen für nur ein Gehalt ausübte.

Überflüssig zu erwähnen, dass ich hier wirklich schlecht verhandelt hatte. Am nächsten Tag stand ich also vor dem Team und sah mich als Coach einer Mannschaft, in der ich selbst auch spielte, das Training leiten. Eine schwierige, aber sehr reizvolle Aufgabe.

Vieles würde sich dadurch ändern. Früher war ich einer von gut zwanzig Leuten, jetzt stand ich allein vor ihnen. Einem Druck, der sich aus einer unzufriedenen Mannschaft heraus gegen einen Trainer entwickeln kann, ist nicht leicht standzuhalten, vor allem dann, wenn es gleichzeitig nicht läuft. Ich selbst hatte mich als Spieler bekanntlich nicht immer zurückgehalten mit konstruktiver Kritik an meinen Trainern, wenn auch meist nur in den Mannschaftssitzungen.

Ich habe während meiner Zeit als Profi unter 16 verschiedenen Trainern in 15 Jahren insgesamt sehr viel gelernt, was ich später dann selbst, zumindest teilweise, umsetzen wollte. Positive Aspekte versuchte ich mit meiner eigenen Philosophie in einen Kontext zu bringen und weiterzuentwickeln. Negativerlebnisse sollten mir eine Warnung sein und mich nicht auf falsche Pfade führen.

Fachlich war ich in meinen Augen gut vorbereitet, doch nun als Trainer das Sagen zu haben und gleichzeitig die Vorgaben selbst als Teil der Mannschaft umsetzen zu müssen, war sehr schwierig. Spielt man samstags, finden am Montag üblicherweise die Spielanalysen statt. Wenn man dann einem bestimmten Spieler sagen muss, dass er wirklich schlecht gespielt hat, man selbst aber auch nicht besser gewesen ist, fehlt einem rasch die Rechtfertigung.

Zur Saisonvorbereitung trugen wir ein kleines Turnier aus, bei dem Borussia Dortmund im Semifinale gegen die Young Boys mit 7:0 gewann. Die Deutschen trafen im Finale schließlich auf uns – auf einem katastrophalen Rasen. Nicht gerade ein Kartoffelacker, aber nahe dran. Vor dem Spiel sagte ich zu der Mannschaft, dass der schlechte Platz keine Rolle spiele und wir trotzdem versuchen müssten, unser Spiel zu machen. Auch in der Halbzeit feuerte ich das Team an: »Wir spielen genau so weiter. Ball laufen lassen – wird er verloren, wird er umgehend zurückerobert. Niemand versteckt sich, jeder ist anspielbar!«

Wir gewannen das Spiel mit 4:1. Die Mannschaft legte den Schalter um, verstand das Prinzip und setzte es erfolgreich um. Von da an war mein Spielsystem klar: 4-3-3. Ich sah, dass ich hier mit dieser Art von Fußball etwas erreichen konnte. Seither habe ich als Trainer einer Mannschaft nie wieder ein anderes System spielen lassen. Teams wie der FC Barcelona oder Bayern München spielen diesen Fußball heute in Perfektion und feiern damit Riesenerfolge.

Die erste Saison lief gut an. Ich wunderte mich nur über die lange Winterpause, die damals fast drei Monate dauerte.

Die Spieler hatten ganze fünf Wochen Urlaub am Stück. Vor dem Ferienantritt gab ich jedem Spieler schriftlich ein spezielles Trainingsprogramm, das es strikt zu befolgen galt.

Mitte Januar schließlich nahmen wir das Training im Sportzentrum von Saint-Blaise bei starkem Schneefall wieder auf. Zuerst sollten ein paar Runden gelaufen werden, um festzustellen, wer in der Mannschaft seine Fitness womöglich im Urlaub gelassen hatte. Ich ging voran und wir liefen durch circa 50 cm hohen Schnee. Die Jungs dachten wohl, wir würden bei dem Wetter vielleicht zehn Runden laufen. Doch ich ließ weiterlaufen: Fünfzehn Runden, zwanzig … Am Ende waren es dreißig Runden. Es war nicht schwer zu erkennen, dass einige sich in einem erbärmlichen körperlichen Zustand befanden. Zurück in der Kabine zeichnete ich drei Spalten auf eine Tafel und schrieb die Spielernamen nach ihren Leistungen in eine der drei Spalten. Anschließend erläuterte ich der Mannschaft: »Diejenigen in der ersten Spalte sind die, die sich an den mitgegebenen Trainingsplan gehalten haben. Bei den Leuten in der Mitte habe ich meine Zweifel und die ganz rechts haben den Plan nicht befolgt.« Danach war es totenstill, offensichtlich hatte niemand Einwände.

Wir haben in der Saison nicht ein einziges Heimspiel verloren. Sogar gegen den damals in Hochform spielenden FC Zürich, der im Halbfinale des Europacups der Landesmeister (heute die UEFA Champions League) gegen den

FC Liverpool spielte, konnten wir besiegen. Unsere Heimstärke war also durchaus beeindruckend. Beim letzten Spiel der Rückrunde war die Tabellensituation sehr delikat. Wir mussten mit mindestens 3:0 gegen Tabellen-Schlusslicht Lugano gewinnen und die Grasshoppers gleichzeitig in Bern gegen YB verlieren. Dann hätten wir uns mit Platz zwei in der Tabelle für den UEFA Cup qualifiziert.

Drei Tage vor dem wichtigen Match gegen Lugano organisierte Präsident Facchinetti ein Freundschaftsspiel gegen Juventus Turin. Für Facchinetti war das als Italiener eine große Sache und für das Publikum damals natürlich auch. Solche Teams spielten nicht jeden Tag in der Schweiz, schon gar nicht in Neuchâtel. Die Mannschaft zeigte dann auch sehr viel Biss und handelte sich am Ende lediglich eine entgegen dem Spielverlauf unverdiente 0:1 Niederlage ein.

Im Nachhinein sollte dieses Spiel allerdings unser Schicksal am letzten Spieltag besiegeln: GC verlor zwar bei den Young Boys, wir aber gleichzeitig zu Hause gegen den Tabellenletzten mit 0:1 und verpassten damit die UEFA Cup-Qualifikation. Wir hatten im Schaulaufen gegen Juventus zu viel Kraft gelassen und mussten dafür jetzt die Zeche zahlen. Es war unsere einzige Heimniederlage während der gesamten Saison. Aus diesem denkwürdigen Ereignis zog ich unmittelbar meine Lehren. Nie wieder würde ich ein Freundschaftsspiel vor einer solchen kapitalen Begegnung in der laufenden Meisterschaft akzeptieren, ganz egal um welchen

Gegner es sich handelte und wie viel Einnahmen damit generiert werden können.

Auch die zweite Saison verlief ganz ordentlich, wir schnupperten des Öfteren an dem UEFA Cup-Platz, allerdings gelang es uns am Ende nicht, uns für das internationale Geschäft zu qualifizieren. Während meiner gesamten Zeit in Neuchâtel war ich von Strasbourg umworben worden, die nach dem Abstieg 1976 unmittelbar wieder ins Oberhaus aufstiegen. Dominique Drobsy, ein wichtiger Spieler in Strasbourg zwischen 1973 und 1984, wandte sich an mich und meinte, die gesamte Mannschaft in Strasbourg würde sich freuen, wenn ich das Traineramt übernehmen würde. Gleichzeitig befeuerte mich auch der neue Präsident Alain Léopold: »Ich warte, wenn's sein muss, auch zehn Jahre, aber du musst nach Strasbourg zurückkommen!«

Das hat mich irgendwie gerührt. Gleichzeitig verpflichtete Xamax-Präsident Facchinetti gegen meinen Willen den Jugoslawen Ilja Katic. Facchinetti war in Sachen Transfer oft nicht zu stoppen, das war eine seiner großen Schwächen und das erzeugte oft Reibungspunkte zwischen uns.

Ich entschied mich also, Xamax zu verlassen und in meine Geburtsstadt zurückzukehren. Für Facchinetti war es ein Schock – damit hatte er nicht gerechnet. Er bekniete mich zu bleiben, bot mir an, mir die Wohnung, in der ich seit meinem Engagement in Neuchâtel lebte, zu schenken und versprach, bei anstehenden Transfers künftig mehr auf mich zu hören. Ohne Erfolg, ich stand bei Strasbourg im Wort und wollte unbedingt als Trainer dorthin zurückkehren. Aber bei meinem Abschied sagte ich zu Facchinetti: »In Strasbourg ist die Lebenserwartung eines Trainers nicht sehr hoch, es kann also gut sein, dass Sie mich bald wiedersehen.«

Die Elf der Ausländer

Radenkovic
(Jugoslawien/1860 München)

Jusufi (Jugosl./Eintr. Frankf.) — **Perusic** (Jugosl./1860 München) — **Pavlic** (Jugosl./MSV Duisb.) — **Pumm** (Österr./B. München)

Starek (Österr./B. München) — **Huberts** (Österr./Eintr. Frankf.)

Gress (Frankr./VfB Stuttgart) — **Larsson** (Schweden/VfB Stuttgart) — **Skoblar** (Jugosl./Hann. 96) — **Hasil** (Österr./Schalke 04)

Bild 20 (oben): In der Bundesliga spielten damals vorwiegend Ausländer aus Österreich oder Jugoslawien. Als Franzose war ich durchaus ein Exot.
Bild 21 (unten): Mit meiner Frau Béatrice während unserer Zeit in Stuttgart.

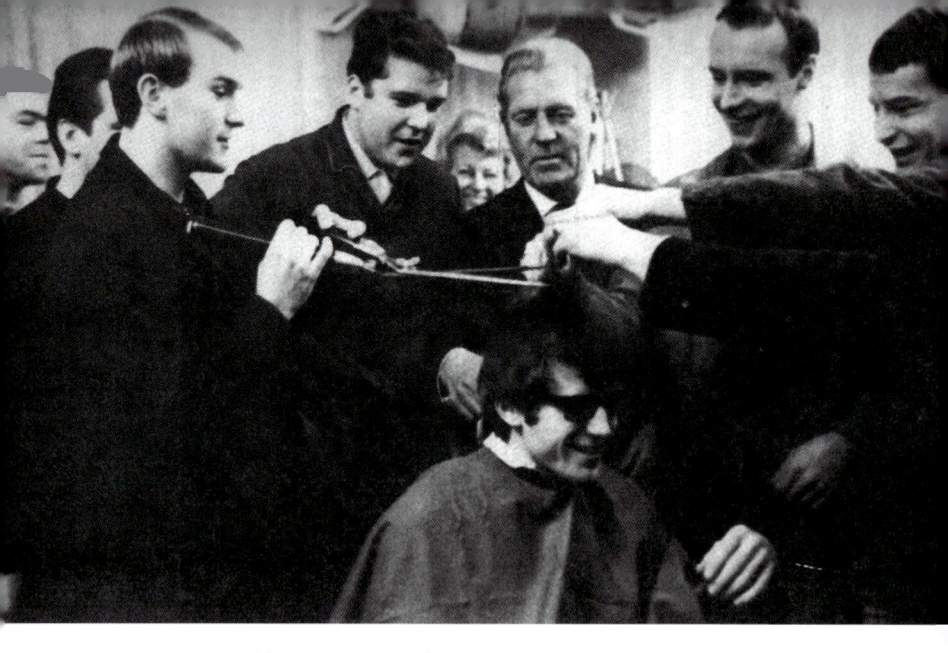

Bild 22 (oben): Im Frisör-Salon Gratwohl in Cannstatt mit Mannschaftskameraden und einer Menge Journalisten. Trainer Albert Sing sorgte für einen kostenlosen Haarschnitt.

Bild 23 (unten): Liebesbriefe waren an der Tagesordnung – meine Frau hob einige davon auf.

Stuttgart, 13.3.67

mon cherie, gilbert

Vielen Dank für das Bild, das Du mir geschickt hast. Du siehst einfach ganz toll aus. Ich liebe Dich!
Nur, das was Du auf die Rückseite geschrieben hast kann ich leider nicht lesen, denn ich kann leider kein Französisch. Kannst Du mir nicht einmal in Deutsch schreiben?
Hoffentlich hat der VfB Stuttgart bei den Bundesligaspielen jetzt dann mehr Glück. Ich drücke Euch beide Daumen, daß ihr gewinnt.
Hoffentlich habe ich jetzt dann mal Zeit, dann komme ich mit meiner Freundin zu Euch ins Training.
Bitte schreibe mir bald.
Deine Hannelore

Je t'aime

Rückporto lege ich bei

Bitte verlasse den VfB nicht. Bitte!
Gehe nicht zum KSC.
Bleibe in Stuttgart.
bitte wenden

Meine Adresse:

Wenn Du magst rufe mir einmal an. Hast Du auch ein Telefon?

Merci cherie

Gilbert ich habe schreckliche Sehnsucht nach Dir. Ich träume die ganze Nacht immer von Dir. Warum mußt Du denn verheiratet sein? Deine Frau muß die glücklichste Frau der Welt sein, denn sie hat den süßesten Mann den es gibt als Ehemann. Wenn Du nur nicht verheiratet wärst.

Bild 24: Mein potenzieller Wechsel nach München schlug hohe Wellen.

Bild 25 *(oben): Beim VfB Stuttgart fehlte ich in viereinhalb Jahren ganze vier Mal. Dreimal wegen einer Sperre, einmal wegen einer Verletzung.*
Bild 26 *(oben): Gegen den FC Bayern München ging's im Frühling 1969 um den deutschen Meistertitel.*

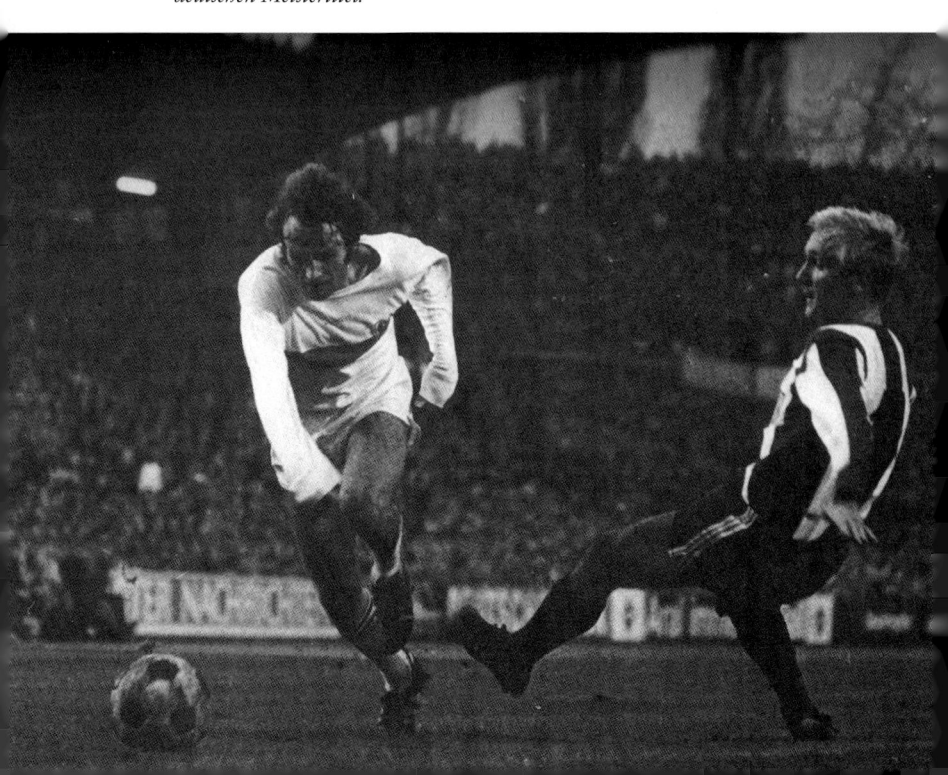

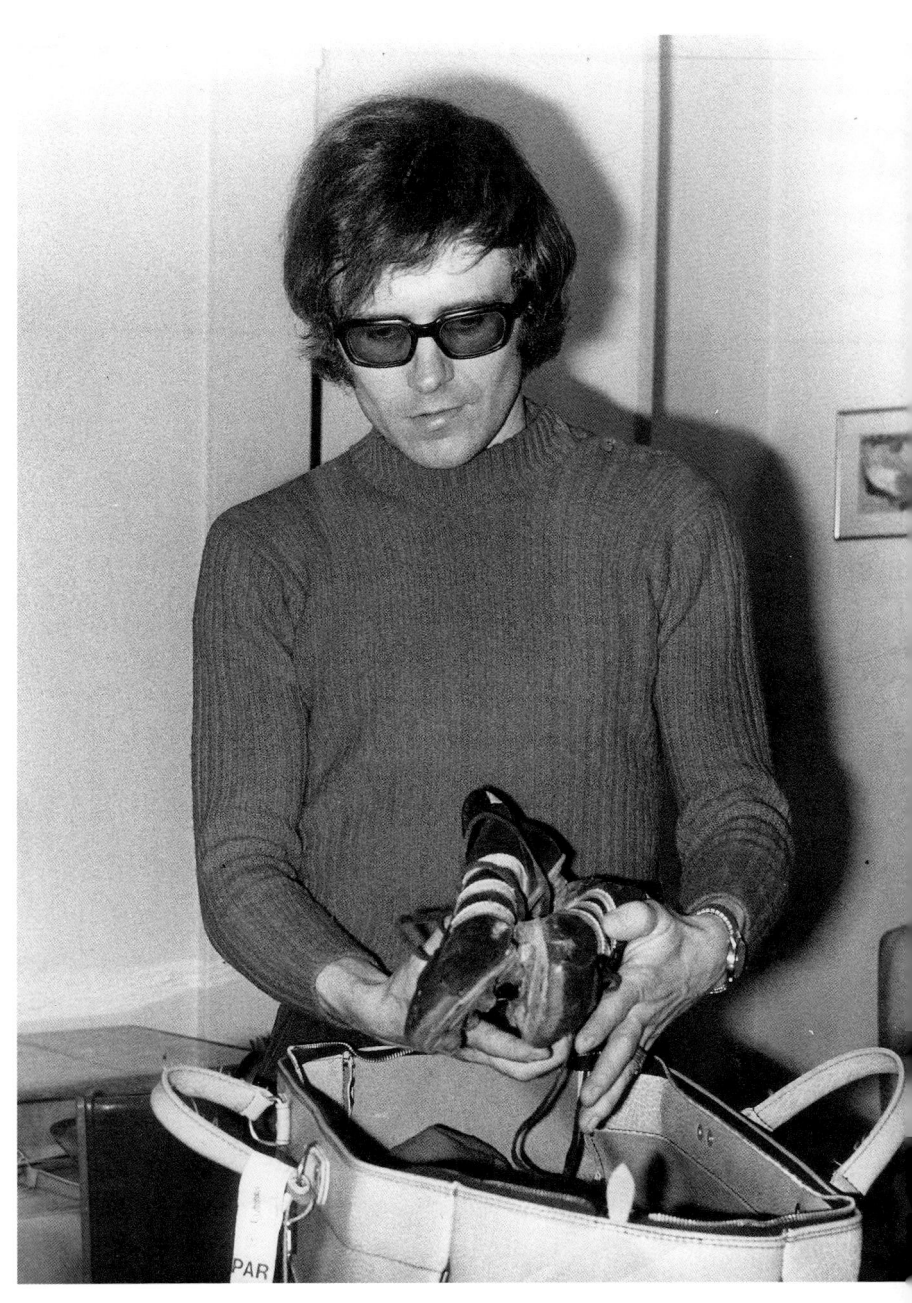

Bild 27: *In Stuttgart Ende der Sechzigerjahre.*

Bild 28 (oben): Vor dem Stadion Meinau in Strasbourg. Mit diesem geliehenen BMW von Präsident Weitpert hatte ich später große Probleme.
Bild 29 (unten links): Fan-Karriktatur aus den Siebzigerjahren. Wechselgerüchte wurden einem damals wie heute negativ ausgelegt.
Bild 30 (unten rechts): Das geheime Treffen mit den Bayern-Vertretern blieb nicht lange geheim.

Bayern will Gress

Der FC Bayern hat dem VfB Stuttgart zwar große Kasse und zwei Punkte hinterlassen, aber unverrichteterdinge wollte er offenbar nicht Heimreise antreten. Wie wir erfahren, haben technische Direktor, Robert Schwan, und Tra Zebec Gilbert Gress am Sonntagvormittag um Unterredung in Böblingen gebeten und ihm dabei Angebot gemacht. Von Gress, der anschließend Straßburg fuhr, war dazu nichts zu erfahren, aber zuverlässiger Quelle wissen wir, daß die Unterred stattfand. Ein Nationalspieler des FC Bayern s allerdings dazu: „Ich kann mir nicht denken, daß VfB einen Mann wie Gress laufen läßt."

Bild 31: Der Presserummel in der Bundesliga war damals schon riesig.

Bild 32 *(oben): Fan-Treffen bei Olympique Marseille.*
Bild 33 *(unten): Europacup der Landesmeister Olympique Marseille – Ajax Amsterdam (G. Gress und J. Neeskens). Ajax-Coach Kovacs: »Ich musste Neeskens opfern, um Gress auszuschalten.«*

Bild 34 *(oben): Die Mannschaft von Olympique Marseille in der Saison 71/72.*
Bild 35 *(unten): Mit Béatrice in unserer damaligen Wohnung in Marseille.*

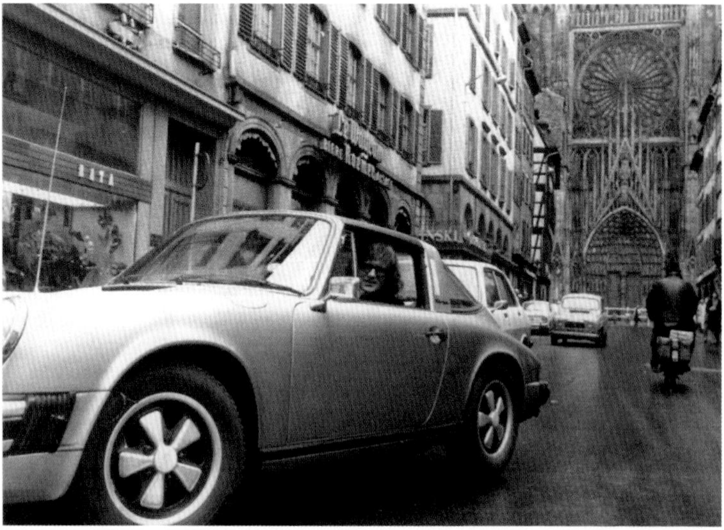

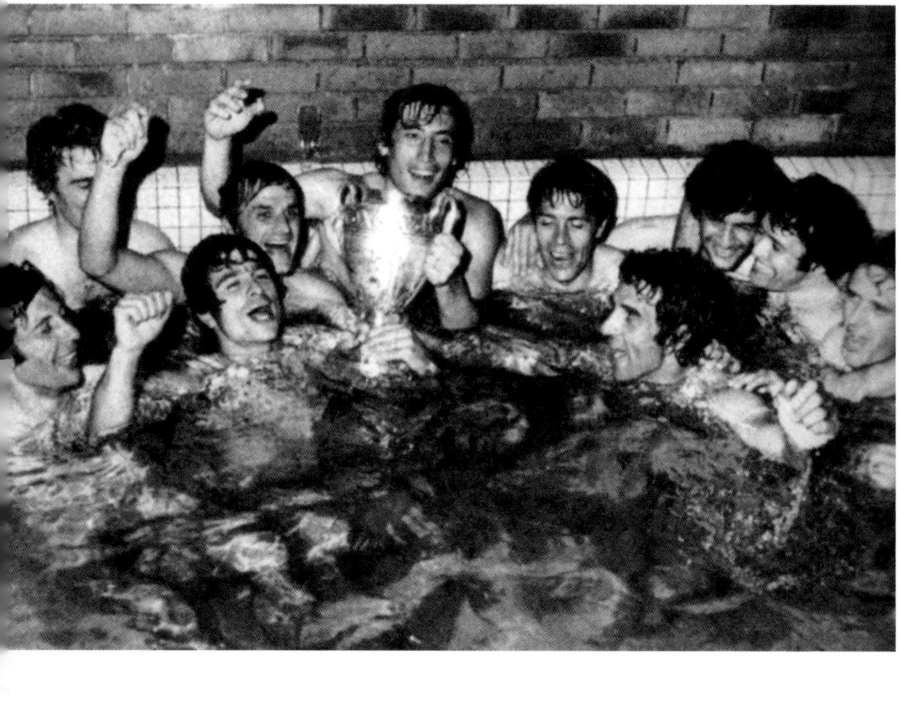

Bild 38 (oben links):
Mit meiner Mutter in
Strasbourg.
Bild 39 (oben rechts):
Ein Magazin-Cover
aus meiner Zeit in
Marseille
Bild 40 (rechts):
Portrait Ende der
Siebzigerjahre.

Bild 36 (linke Seite
oben): Unterwegs mit
meinem Porsche in
Marseille.
Bild 37 (linke Seite
unten): 1972 holten
wir mit Olympique
Marseille nach der
zweiten Meisterschaft
in Folge auch den Cup.

Bild 41 *(oben links):* Mit Cathy, Franck und Béatrice in Strasbourg.
Bild 42 *(oben rechts):* Im Trainingslager in Grunberg.
Bild 43 *(unten):* Mit Racing Präsident André Bord und dem späteren französischen Staatspräsidenten Jacques Chirac.

Bild 44 *(oben links): Mit Raymond Domenech.*
Bild 45 *(unten): Das ganze Elsass feiert den Meistertitel von Strasbourg 1979.*

Bild 46 *(oben links): Abgang bei Racing Strasbourg.*
Bild 47 *(oben rechts): Fan-Revolte nach meiner Entlassung in Strasbourg.*
Bild 48 *(unten): Mit Gilbert Facchinetti, dem langjährigen Präsidenten von Neuchâtel Xamax.*

Bild 49 *(oben): Breite Fanunterstützung durch meinen Supporter Club während der Zeit in Xamax.*
Bild 50 *(unten): Mit Ernst Happel vor dem Europapokalspiel gegen den Hamburger SV.*

Bild 51 *(oben): Auf der Bank mit meinem langjährigen Assitenz-Coach bei Xamax, Ruedi Nägeli.*
Bild 52 *(rechts): Mit Cathy und Franck 1982.*

Vom Spieler zum Trainer

Der Hauptgrund, weshalb ich beschloss, zu Racing zurückzukehren, war, dass mich der Präsident unbedingt wollte. Von meinem Club gebraucht und geschätzt zu werden, fühlte sich einfach gut an. Die Mannschaft schaffte nach ihrem Abstieg in Liga Zwei, ein Jahr zuvor, umgehend den Wiederaufstieg und hatte eine gute Substanz. Der Kopf der Mannschaft war der überragende Jugoslawe Yvan Osim.

Während der Zeit in der ungeliebten zweiten Liga kamen jedoch im Schnitt gerade einmal 5000 Zuschauer in die Meinau, oft sogar nur 2000. Das konnte unmöglich mein Anspruch oder der der Mannschaft, des Clubs oder der ganzen Region sein. Eine Stadt wie Strasbourg mit so einem traditionsreichen Verein musste andere Ziele haben. Jedes Jahr um den Meistertitel mitzuspielen, war natürlich nicht sonderlich realistisch, aber mit diesem Club und dieser Truppe sollte man zumindest die vorderen Ränge ins Visier nehmen.

Mit großem Eifer und Ehrgeiz ging ich zusammen mit dem Verein meine erste Saisonplanung als klassischer Trainer an. Wir starteten den Trainingsauftakt in der Sportschule im deutschen Grunberg und setzten pro Tag jeweils drei Einheiten an: Um 6.30 Uhr, um 10.00 Uhr und um 16.00 Uhr. Nach den ersten Trainingstagen war mir sofort klar, dass wir mit dieser Mannschaft etwas bewegen können. Obwohl ich bis vor zwei Jahren noch mit gut einem Dutzend der Spieler auf dem Feld gestanden hatte, sah mich die Mannschaft unvoreingenommen als Autorität an und zog voll mit. Man spürte die Motivation im Team, alle zogen an einem Strang und jeder ging unglaublich konzentriert ans Werk. Es war eine wahre Freude, mit einer solchen Truppe zu arbeiten. Am zweiten Abend erläuterte ich der Mannschaft mittels der Taktiktafel, wie ich mir das Spielsystem vorstellte. Oberste Devise war ein gepflegter Spielaufbau mit wenig Fehlpässen und dabei viel Ballbesitz. Kein Hauruckfußball nach vorn, sondern taktisch diszipliniert. Einige meinten, dass die Zuschauer diese Art des Fußballs womöglich nicht verstehen und mit Pfiffen quittieren würden. Daher erklärte ich in den nächsten Tagen gegenüber der Presse, dass man jegliche Form von Pfiffen der Zuschauer gegen mich und nicht gegen die Mannschaft richten sollte, da ich die Vorgabe machte, wie wir spielten.

Wir hatten eine vorbildliche, hochprofessionelle Vorbereitung. Es war unglaublich viel Talent in dieser Mannschaft und taktisch setzten sie genau das um, was ich von ihnen forderte. Die ersten Partien der Meisterschaft liefen dann auch genau so, wie es sich in den Trainingstagen abgezeichnet hatte. Allerdings kassierten wir zu viele Tore.

Da kam Präsident Léopold auf mich zu und fragte: »Wie wäre es, wenn du die Schuhe wieder schnüren und noch einmal für uns spielen würdest? Das würde der Mannschaft bestimmt helfen.« Ich fand die Idee reizvoll, das Problem war nur, dass ich dafür die Einwilligung von Xamax-Präsident Facchinetti benötigte, da ich dort faktisch noch als Spieler unter Vertrag stand. Auf meine Trainertätigkeit hatte das zwar keinen Einfluss, aber wollte ich nochmals spielen, musste ich ihn dazu überreden, mich freizugeben.

Als ich in Neuchâtel eintraf, um mit dem Präsidenten zu sprechen, erwiderte dieser auf die Frage nach meiner Freigabe, dass er mir einen Gefallen tun und mich für 200 000 Franken ziehen lassen würde. Er würde den Betrag auf ein Sperrkonto einzahlen und sollte ich eines Tages nach Xamax zurückkehren, würde das Geld mir gehören. Ich schätzte diese außerordentliche Geste des Präsidenten, hatte aber kein gutes Gefühl bei der Sache und lehnte das Angebot schließlich ab. Meine Karriere als Spieler war somit definitiv beendet.

Es war weiter offensichtlich, dass wir ein Abwehrproblem hatten und, wie oben beschrieben, viel zu viele Gegentreffer zuließen. Ein Freund von mir, der Journalist Paul Fischer, riet mir, einen Verteidiger namens Raymond Domenech von Olympique Lyon zu holen, der dort seine Klasse des Öfteren aufblitzen ließ. Fischer hatte gute Beziehungen zu Lyon und kannte Domenechs Frau. Er schwärmte: »Gilbert, du musst seine Frau unbedingt kennenlernen, sie ist unglaublich hübsch und zudem auch noch sehr nett.« Ich schüttelte den Kopf und entgegnete, ich wolle eigentlich nicht seine Frau kennenlernen, sondern einen guten Defensivmann finden.

Schließlich verpflichteten wir Domenech und machten mit ihm einen wahren Glücksgriff. Er war ein exzellenter Verteidiger mit einem natürlichen und gesunden Drang nach vorn. In Lyon galt er als schwieriger Typ. Sein früherer Trainer Aimé Mignot berichtete mir, dass er des Öfteren mal aus der Reihe tanzte. Beispielsweise kam er im Smoking ins Trainingslager, bei offiziellen Empfängen tauchte er dafür im Trainingsanzug auf. Ich hatte mit ihm aber in den drei Jahren nicht das geringste Problem, er verhielt sich bei mir stets wie ein Musterprofi. Sehr rasch entwickelte er sich zu einer Schlüsselfigur, die unverzichtbar wurde. Ich war mir bald sicher, dass wir mit ihm Titelaspiranten in den nächsten Jahren sein würden. Er gab dem Team sofort mehr Stabilität, was wesentlich weniger Gegentore zur Folge hatte. Hätten wir ihn bereits zum Saisonstart im Team gehabt, wären wir in diesem Jahr wohl Meister geworden.

Domenech war viele Jahre später langjähriger und heftigst umstrittener Nationaltrainer Frankreichs. Der Tiefpunkt in seiner Laufbahn als Coach der französischen Nationalmannschaft war die Mannschaftsrevolte während der WM 2010 in Südafrika, die ihn, insbesondere auch wegen der Privatfehde mit Stürmer Nicolas Anelka, seinen Trainerstuhl kostete.

Die Zuschauer kamen seit dem allerersten Heimspiel wieder in Scharen in die Meinau. Das Stadion war bei jeder Heimpartie im Schnitt von über 25 000 Zuschauern besucht – bei gerade einmal 3000 Sitzplätzen. Das sah in den vergangenen zwei Jahren, vor allem aber im Jahr nach dem Abstieg, noch ganz anders aus. Auch während meiner Zeit in Neuchâtel verfolgte ich die eine oder andere Partie in der Meinau. Bei einem Spiel gegen den damaligen Französischen Meister Saint-Etienne war ich im Stadion zugegen und musste schockiert feststellen: Die ganzen Ränge waren in gegnerisches Grün gehüllt. Keine Racingfarben waren zu erkennen! Ich schwor mir damals: Wenn ich je nach Strasbourg zurückkehren sollte, würde sich das wieder ändern. Ich sollte glücklicherweise recht behalten. Die Zuschauer kamen wieder, wir spielten spektakulär, aber auch erfolgreich und schossen zudem viele Tore. Die Saison beendeten wir, ohne unser ganzes Potenzial ausgeschöpft zu haben, auf einem guten dritten Platz.

Mit Präsident Alain Léopold hatte ich ein gutes Verhältnis. Ich erinnere mich daran, dass er in einer Phase, in der das Stadion wieder rappelvoll war, eines Tages zu mir sagte: »Nicht alle Leute im Vorstand des Vereins waren damals dafür, dich zu fragen, ob du zu Racing zurückkehren würdest. Ich bin froh, dass ich nicht auf sie gehört habe.«

Wir brachten den Club wieder auf Kurs, waren wieder konkurrenzfähig und hatten eine ganze Region hinter uns. Ich habe jahrelang, auch abseits des Clubs, sehr gelitten, wenn es Racing sportlich schlecht ging und sich die eigenen Fans vom Verein abwandten. Ab 1977, als der Verein sportlich wieder auferstand, waren die Zuneigung und die Begeisterung der Fans einmalig. Die Solidarität mit den Spielern und dem Verein in der ganzen Region war unvergleichlich in meiner Profi- und Trainerkarriere. Unter diesen Voraussetzungen konnte unser übergeordnetes Ziel für die neue Saison nur die Eroberung des Meistertitels sein. Das war seit meiner Rückkehr mein klar definierter Plan.

In der Saison 78/79 übernahmen wir nach dem fünften Spieltag die Spitze des Klassements – und das mit einem rein französischen Team. Wir waren die einzige französische Mannschaft ohne Ausländer. Damals kamen immer mehr talentierte Ausländer in die großen Ligen Europas. Ihre Integration in die Mannschaft war aber oft schwierig, weil sie von Beginn an von den Vereinen und der Presse ungerechtfertigt so behandelt wurden, als seien sie Götter. Das löste natürlich nicht selten Neid und Missgunst unter den anderen Teamkameraden aus und war schlecht für die Chemie im Team. Meine Devise war immer: Es gibt für niemanden eine Spezialbehandlung, egal wer er ist oder woher er kommt.

Am sechsten Spieltag kam es zum Showdown in der Meinau gegen den zweitplatzierten FC Metz, mit mehr als

30 000 Zuschauern, ein Zuschauerrekord für Racing. Angesteckt vom frenetischen Publikum siegten wir klar und deutlich mit 3:0.

Raymond Domenech war nicht nur in diesem Spiel eine Reizfigur für die gegnerischen Fans. Er wurde auf sämtlichen fremden Plätzen gnadenlos ausgepfiffen. Das war ihm aber stets egal, im Gegenteil, er provozierte sie noch, wo immer er konnte. Er bestritt eine Superpartie und schoss nach einem langen, von gellenden Pfiffen begleiteten Sololauf ein sehenswertes Tor. Das war Domenech in Reinkultur, er war wirklich ein sehr guter Spieler und machte in der Saison zuvor, und vor allem auch jetzt, oft den Unterschied. Niemand hätte damals geahnt, was für eine tragische und skandalträchtige Figur er im französischen Fußball knapp 30 Jahre später abgeben würde.

Wir hatten einen unglaublich guten Lauf und waren seit 28 Spielen ungeschlagen, wenn man die Partien der Vorsaison auch dazuzählte. Irgendwann reißt jede Serie, wie man im Fußballgeschäft so schön sagt, und unsere tat es auch. Nach einer 0:3 Niederlage in Nantes empfingen wir im Dezember 1978 den AS Monaco und gewannen mit 2:1. Ein gewisser Arsène Wenger, ein gebürtiger Strasbourger, gab bei diesem Spiel sein Profidebut.

Heute einer der bekanntesten Trainer auf der Welt, war er damals ein eher unauffälliger Spieler. Wenger trainierte interimistisch bereits den Nachwuchs und war in jungen Jahren schon sehr professionell. Er war damals schon Trainer in der Jugend-Akademie und war ab und zu bei uns in der Reserve dabei, wenn im Kader einige Stammkräfte ausfielen. Insgesamt kam er demnach nur zu ein paar wenigen Einsätzen im Racingtrikot.

Er hat später als Trainer eine beispielhafte Karriere hingelegt und genießt weltweit zu Recht sehr hohes Ansehen – als Spieler jedoch blieb ihm die große Laufbahn verwehrt. Er war ein sehr intelligenter und technisch guter Spieler, einzig die Geschwindigkeit hat ihm etwas gefehlt. Später sollte ich kurzzeitig nochmals indirekt mit ihm zu tun bekommen, als ich mit dem AS Monaco über ein Engagement sprach, mich dann aber entschied, in Neuchâtel zu bleiben und die Monegassen anschließend Wenger als Coach verpflichteten.

Er wurde dann während seiner sechs Jahre im Fürstentum je einmal Meister und Cupsieger mit dem Verein; zudem erreichte er 1992 das Finale des Europapokals der Pokalsieger, das gegen den SV Werder Bremen verloren wurde. Nach einem kleinen Abstecher nach Japan übernahm Wenger 1996 den FC Arsenal und gewann mit dem Club drei Meisterschaften und vier Mal den FA-Cup. Er ist heute einer der ganz großen Namen im internationalen Trainergeschäft.

Am 27. Spieltag spielten wir gegen den FC Paris und gewannen 3:0. Piasecki markierte alle drei Tore. In der Tabelle führten wir nun mit vier Punkten Vorsprung. Bei besagtem Spiel saß ein gewisser Johan Neeskens, der bei Ajax Amsterdam und dem FC Barcelona sehr erfolgreich gespielt hatte, auf der Tribüne. Wir waren seit Monaten in Kontakt mit ihm und guter Hoffnung, dass wir ihn verpflichten können. Ungeachtet größter finanzieller Anstrengungen von unserer Seite, lehnte er das Vertragsangebot jedoch ab, um wenig später bei Cosmos New York in den USA zu unterschreiben – für das Sechsfache der Summe, die wir ihm geboten hatten. Das war sehr schade, er wäre eine Topverstärkung für das Team gewesen. Bei Cosmos, die damals sehr viel Geld in bekannte Spieler investierten, die in ihrem Karriereherbst angelangt waren, stieß er auf prominente Kollegen wie Franz Beckenbauer oder Pelé. Man sagt, der Wechsel von Beckenbauer in die USA war damals mit zwei Millionen Dollar der teuerste Transfer aller Zeiten.

Nach einer mageren Punktausbeute aus zwei Spielen war unser Punktepolster bei noch sieben ausstehenden Begegnungen auf einen einzigen Zähler geschrumpft. Gegen Vorjahres-Cupsieger Nancy, wo Michel Platini mittlerweile zum Superstar avancierte, spielten wir 0:0. Platini fand überhaupt nicht zu seinem Spiel. Nach dem Match meinte Platini pragmatisch zu den Journalisten: »Racing wird Meister.«

Am selben Spieltag verloren mit Saint-Etienne und Nantes beide Titelmitkonkurrenten ihre Partien, wir waren also mit zwei Punkten Vorsprung an der Tabellenspitze und es waren nur noch zwei Begegnungen zu spielen. Wir empfingen zuerst Paris Saint-Germain zum letzten Heimspiel der Saison, und es waren wieder über 30 000 Leute in der Meinau. Wir gewannen mit 3:0 und hatten seit nunmehr drei Partien kein Tor mehr kassiert.

Im letzten Spiel der Saison ging es gegen Olympique Lyon, damals vom späteren Nationaltrainer Frankreichs, Aimé Jaquet, trainiert. Er war zu dieser Zeit auch einer der eher jungen Trainer, die noch von sich reden machen würden. Seine Geschichte ist hinlänglich bekannt. Er wurde mit Frankreich 1998 Weltmeister und gewann 2000 mit dem Team auch die Europameisterschaft, da allerdings in der Funktion des Verbandsdirektors. Er ist seither ein Nationalheld in Frankreich. Vor einigen Jahren hat er sich komplett aus dem Profifußball zurückgezogen.

Trotz der Qualität, die Lyon damals hatte (mit Spielern wie Tigana, Chiesa oder Jodar), waren sie gegen uns chancenlos. Wir gewannen in Lyon mit 3:0 und feierten die erste Meisterschaft in der Racing-Vereinsgeschichte. Ich war stolz auf die Mannschaft, es war eine unglaublich starke Truppe, die in dem Jahr wie keine andere den Gewinn des Titels verdient hatte.

Der Empfang am »Place de la Gare« in Strasbourg war dann auch mehr als gebührend. Zehntausende Menschen waren da, haben uns gefeiert und verbreiteten eine Stimmung, die einmalig war. Das sind die Momente, für die man das ganze Jahr über so hart arbeitet. Unser Mannschaftsarzt, Dr. Milo Spruch, sagte damals treffend: »Gilbert, um so etwas noch einmal zu erleben, müssen wir mindestens fünfzig Jahre warten.« Bereits mit einem halben Gedanken in der neuen Saison, entgegnete ich, dass ich das anders sehe und wir auch nächstes Jahr wieder hier stehen würden. Nach heutiger Erkenntnis muss ich sagen: Die fünfzig Jahre müssen wir mit größter Wahrscheinlichkeit warten.

Das Schönste an diesem Titel war, dass er nicht nur für Verein und Stadt etwas bedeutete, sondern eine ganze Region, das ganze Elsass sich als Französischer Meister fühlte. Unsere Zuschauer kamen oft aus den verschiedensten kleinen Ortschaften in näherer oder auch fernerer Umgebung. Auch Leute vom Land, die sich vorher nur bedingt für Fußball interessierten, waren jetzt von den Ereignissen überwältigt. Eine ganze Region spielte verrückt. Jeder, der damals dabei war und diese Leidenschaft der Elsässer spürte, spricht heute noch mit Wehmut von diesem Titelgewinn, der wohl auf unbestimmte Zeit der einzige in der Clubgeschichte bleiben wird.

Vor ein paar Jahren war ich mit Freunden in einem Strasbourger Restaurant essen. Kurz bevor wir nach Hause aufbrechen wollten, kam der Kellner auf mich zu und sagte: »Dank Ihnen bin ich heute hier.« Ich konnte damit nicht viel anfangen, ich war das erste Mal in diesem Restaurant und hatte den Mann vorher nie zuvor gesehen oder kennengelernt. Ich entgegnete: »Sie müssen sich irren, ich war vorher noch nie hier, es ist das erste Mal, dass ich hier esse.« Dann erklärte er mir, dass 1979, als wir gegen Michel Platini's Nancy spielten und auch siegten, seine Eltern das Spiel im Stadion verfolgt hätten und anschließend den Sieg überschwänglich zu Hause gefeiert hätten. Neun Monate später habe er das Licht der Welt erblickt. Hätte Strasbourg damals verloren, gäbe es ihn heute nicht. Ich habe herzlich gelacht – ich freue mich über alle Geschichten, die sich damals während dieser grandiosen Feststimmung im Elsass abspielten. Mir war zwar klar, dass unser Erfolg mit dem Meistertitel sehr viel mehr lizenzierte Jugendspieler nach sich zog. Dass sich das aber auch auf die Geburtenrate ausgewirkt hatte, war für mich zweifellos eine Überraschung.

Ich war seit meiner Rückkehr zu Racing überzeugt, dass wir mit dem Talent und der Euphorie in der Truppe, mit gezielten Verstärkungen, sowie viel harter Arbeit auf dem Platz den Meistertitel holen konnten. Ich wusste auch schon, wie sich das anfühlte, schließlich hatte ich mit Marseille zwei Meisterschaften und einen Cupsieg gewonnen.

Aber das hier war anders. Ich war ein junger Trainer und brachte den Club sofort in die Erfolgsspur. Meine Ansprüche an mich und die Mannschaft schwappten schnell auf das Umfeld des Clubs und die Fans über. Ich sah keinen Grund, warum man bei Racing nicht in jeder Saison um den Titel mitspielen könnte und hielt mich mit dieser Meinung auch nie zurück. Die besten Spieler in Frankreich spielten allesamt in der heimischen Liga und wir konnten so gute Equipen wie Saint-Etienne, Nantes, Monaco, Bordeaux und Lyon hinter uns lassen. Wir hatten wirklich etwas Großes erreicht und wollten konsequent darauf aufbauen, um in den nächsten Jahren zu einem Club mit internationalem Format aufzusteigen.

Als ich einige Jahre später Trainer bei Neuchâtel Xamax war und mit der Mannschaft in Cannes weilte, traf ich Jean Fernandez wieder, der damals, als ich in Strasbourg als Trainer arbeitete, bei Olympique Marseille Spieler war. Er sagte mir, dass er zu der Zeit vor den Spielen gegen Racing nicht gut geschlafen hätte. Es wäre teilweise schwirig gewesen, im Mittelfeld den Ball nur einmal zu berühren. Das war damals unser Spiel: Den Ball sicher in den eigenen Reihen mit Zug auf das Tor zu halten und umgehend zurückzuerobern, wenn er verloren ging. Auch die Offensivleute mussten nach hinten arbeiten und taten das mit aller Konsequenz. Die Gegner bissen sich an diesem schnellen, dynamischen Spielsystem die Zähne aus. Wir waren im Meisterjahr in allen Belangen der Krösus der Liga.

Nach dem Meistertitel wollten wir natürlich auch den Cup holen und waren auf gutem Weg. Wir hatten es souverän bis ins Halbfinale des Wettbewerbs geschafft. Der Gegner im Semifinale war der AJ Auxerre. Die Mannschaft aus der zweiten Liga erwies sich als Stolperstein: Wir schieden aus und verpassten den Einzug in das Cupfinale gegen den FC Nantes. Nur zu gern hätte ich dieses Endspiel erreicht –

eine Chance auf ein Double bietet sich nicht jedes Jahr und der Cupsieg ist die Krönung einer jeden Meistersaison.

Trotzdem war dieses Meisterjahr ein Jahr zum Genießen. Uneingeschränkte Sympathie und Wertschätzung wurden dem Team, aber auch mir als Trainer entgegengebracht. Die Fachpresse beteuerte, dass ich in meiner noch jungen Trainerkarriere das Niveau der Spieler auf ein neues Niveau hieven konnte und ich musste oft die Frage beantworten, wie ich das anstellen würde. Bemerkenswert war die Tatsache, dass mein Vorstopper Léon Specht sechs Tore und mein Mittelstürmer Joël Tanter lediglich vier in dem Meisterjahr geschossen hatte. Das war immer einer meiner wichtigsten Ansätze in der Spielphilosophie meiner Mannschaften: Jedermann musste nach Möglichkeit torgefährlich sein, Offensivspieler nach hinten arbeiten und die Defensivleute sich mit in den Angriff einschalten.

Ich war stets ein Trainer, der an sich hohe Ansprüche und dieselben auch an die Spieler stellte. Ich war streng, ich war anspruchsvoll, aber immer auch fair. Irgendwie fand ich fast immer den Zugang zu meinen Spielern und weckte ihre Bereitschaft, sich immer weiter zu verbessern, aber auch menschlich zu entwickeln. Darauf legte ich größten Wert. Man kann noch so viel Talent haben, große Spieler definieren sich immer auch über ihren Charakter. Daran muss man während seiner aktiven Karriere genauso arbeiten wie an der Verbesserung seines Spiels.

Ich war stolz auf die Entwicklung meiner Mannschaft. Vor 18 Monaten noch vom Publikum verschmäht und beschimpft, stellte mein Team nun sechs Nationalspieler in der Equipe Tricolore, die kurz darauf in einem Länderspiel gegen Spanien mit 1:0 siegte. Das Tor erzielte Léon Specht, einer meiner wichtigsten Abwehrspieler.

Dunkle Wolken ziehen auf

Nach so einer formidablen Saison wie in unserem Meisterjahr waren die Erwartungen und auch die eigenen Zielsetzungen für die neue Spielzeit natürlich entsprechend ambitiös. Als Französischer Meister spielten wir nun auch automatisch im Europapokal der Landesmeister (heute UEFA Champions League) und starteten gut in diesen Wettbewerb. Wir eliminierten den Norwegischen Meister Start Kristiansand und setzen uns auch gegen Dukla Prag aus der damaligen Tschechoslowakei durch. Die Mannschaft war während der letzten Jahre sehr erfolgreich auf internationalem Parkett und hatte zahlreiche Nationalspieler in ihren Reihen, die 1976 gegen Deutschland den Europameistertitel holten.

Racing spielte überhaupt das erste Mal im Meisterpokalwettbewerb und qualifizierte sich sogleich für das Viertelfinale. Das war an sich schon herausragend – wie auch der kommende Gegner: das große Ajax Amsterdam. Wir befanden uns obendrein in einer schwierigen Phase und hatten zudem große Verletzungssorgen. Das hatte uns mittlerweile auch in der Meisterschaft zurückgeworfen, Wir erhielten zu Hause im Hinspiel zwar kein Gegentor, waren aber auch nicht in der Lage, einen Treffer zu erzielen. Das Spiel endete torlos. In Amsterdam schließlich erlitten wir eine bittere 0:4 Niederlage und schieden somit aus dem Wettbewerb aus. Das war dann das Ende des Abenteuers und der Verein sollte in den nächsten 15 Jahren keinen internationalen Wettbewerb mehr erreichen.

Auch nach Verlassen des Pokalwettbewerbs fanden wir in der Meisterschaft nicht in die Erfolgsspur aus dem Vorjahr zurück. Wir beendeten als Fünfter die Saison und verpassten die Qualifikation für das internationale Geschäft. Jetzt galt es, die vorhandene Qualität durch gezielte Transfers weiter zu verbessern. Wir waren in der Saison zuvor die spielerisch beste Mannschaft, hatten aber keinen absoluten Superstar in unseren Reihen. Ich habe immer gesagt: Wir haben nicht einen einzigen, sondern immer elf Stars auf dem Platz.

Man war zwar bemüht, 1979 Spitzenleute wie Neeskens nach Strasbourg zu holen, was aber leider nicht klappte. Ich habe mich viele Jahre mit der Frage beschäftigt, ob wir damals nicht hätten versuchen sollen, Michel Platini zu verpflichten. Er spielte zusammen mit Léonard Specht in der französischen Nationalmannschaft und war der beste Zehner in der gesamten Liga. Wir hatten mit Piasecki einen ebenfalls sehr starken offensiven Mittelfeldspieler. Allerdings glaube ich, dass die beiden sehr gut hätten zusammenspielen können.

Ich wusste bis vor Kurzem nicht, ob Platini wirklich bereit gewesen wäre, ins Elsass zu wechseln. Bei einem Spiel haben wir uns vor etwa einem Jahr zufällig getroffen, wir unterhielten uns eine ganze Weile und ich stellte ihm unter anderem genau diese Frage. Er zögerte ein paar Sekunden – die mir wie Stunden vorkamen – lächelte verschmitzt und sagte: »Nein, ich glaube nicht.«

Ich war wirklich froh über diese Antwort, andernfalls würde ich mich jetzt für den Rest meines Lebens darüber ärgern, da ich mich oft gefragt hatte, ob ich nicht hätte versuchen sollen, ihn zu holen. Er unterschrieb übrigens bei Saint-Etienne und holte daraufhin in seiner ersten Saison mit »Les Verts« den Titel.

Platini ist ein Volksheld in Frankreich und seine Entwicklung vom talentierten zu einem kompletten, modernen Fußballer ist für mich beispielhaft. Er war in Nancy schon ein unglaublich guter Spieler, hat aber in meinen Augen damals noch zu wenig nach hinten gearbeitet. In Saint-Etienne hat man dann schon seine Fortschritte im Defensivbereich sehen können. Unter Giovanni Trapattoni bei Juventus Turin entwickelte er sich dann schließlich endgültig zum Weltfußballer, der mit den Italienern und auch in der Nationalmannschaft (Europameister 1984 im eigenen Land) riesige Erfolge feiern konnte. Unter anderem wurde er drei Mal Europas Fußballer des Jahres und gewann mit Juventus Turin praktisch alle Titel, die es national und international zu holen gab.

Langsam wurden in Strasbourg einige Stimmen lauter, dass ich mich selbst als Star des Clubs sah und deshalb keine Topleute mit Charisma verpflichten wolle. Das war natürlich kompletter Blödsinn. Wäre dem so gewesen, dann hätte ich mich nicht um Neeskens bemüht oder Leute wie Domenech, Piasecki und einige andere bewusst zu starken Spielern und auch starken Charakteren geformt. Wenn man keine Leader mit Persönlichkeit in seinem Team hat, gewinnt man keinen Blumentopf. Ich legte stets sehr großen Wert auf Disziplin, eine für mich unverzichtbare Eigenschaft im Fußball.

Andere wollten mir das Image verpassen, ich sei eine Art Diktator, ein Unbelehrbarer und ein Prinzipienreiter. Natürlich war ich immer mit größter Leidenschaft am Werk, ordnete vieles dem Erfolg unter und war mitunter auch hart im Umgang mit den Spielern. Dass mit einer solchen Autorität nicht jeder gleich gut umgehen kann, ist klar. Ich habe aber beispielsweise niemals – wie andere Trainerkollegen – meine Spieler nach der Sperrstunde (ab 22.00 Uhr) angerufen, um zu kontrollieren, ob sie zu Hause oder irgendwo am Feiern waren. Das hatte ich auch nicht nötig, hätte ein Spieler in der Stadt Party gemacht, hätte ich es spätestens am nächsten Morgen im Café erfahren, in dem der ein oder andere befreundete Taxifahrer Kaffee trank und seine Morgenzeitung las. Zudem hatte ich auch Vertrauen in meine Spieler.

Wenn clubinterne Krisen herbeigeredet werden, ist es oft schwierig, sie zu widerlegen, weil man sich in der Regel nicht öffentlich über innere Angelegenheiten äußert – egal ob sie wahr oder falsch sind. Jede Äußerung ist ein weiterer Funken, der das Feuer vergrößern kann. Ist der Brand einmal gelegt, ist es sehr schwierig, diesen wieder zu löschen. Das sollte ich wenig später im wahrsten Sinne des Wortes erleben.

Der große Bruch

Es wird bekanntlich immer dann schwierig, wenn es sportlich nicht so gut läuft und 1980 war genau so ein Jahr. Wir hatten unsere Ziele in der letzten Saison nicht erreicht, die Mannschaft fiel nach und nach auseinander und die Perspektiven für die kommende Spielzeit 80/81 waren nicht günstig. Trotz aller Kritik, die aufkeimte, verlängerte ich meinen Vertrag bei Racing und das, obwohl ich seit einiger Zeit beinahe mit jedem wichtigen Club in Frankreich in Kontakt war. Von Saint-Etienne über Monaco bis hin zu Paris Saint-Germain und Girondins Bordeaux.

Ich hatte nach dem Meisterjahr unter anderem ein konkretes Vertragsangebot von Girondins Bordeaux, bei dem mein ehemaliger Teamkollege aus Marseiller-Tagen, Didier Couécou, Sportdirektor war, abgelehnt. Sie hatten eine fantastische Mannschaft mit Spielern wie Tigana, Giresse oder Lacombe. Auch Paris Saint-Germain, respektive dessen Präsident Borelli, wollte mich beinahe ein Jahrzehnt lang verpflichten.

Ich konnte Strasbourg aber einfach nicht verlassen, zu sehr fühlte ich mich gegenüber der Region und dem Club verpflichtet. Diese Bindung hat mich während meiner gesamten Karriere begleitet. Auch wenn Medienberichte oft anders lauteten, Geld spielte für mich immer nur eine sehr untergeordnete Rolle. Bodenständigkeit, Perspektiven, Identifikation, Vertrauen und Spaß an der Arbeit zählten für mich stets mehr als die finanziellen Aspekte. Das sind für sich gesehen alles solide Eigenschaften, sie verhinderten aber nicht nur einmal, dass ich zugunsten meiner Ideologie auf viel Geld und auch auf mögliche sportlichen Erfolg verzichtet habe. Ich hatte keinen Manager, die Clubs wandten sich immer direkt an mich und nicht umgekehrt. Dortmund, Stuttgart, Köln, Benfica Lissabon – ich hatte einige gute Möglichkeiten, aber stets verhinderte meine Liebe und Loyalität gegenüber meinem Heimatverein einen Wechsel.

Als mit dem ehemaligen Minister André Bord, mit dem ich befreundet war und für den ich mich sehr eingesetzt hatte, ein neuer Präsident nach Strasbourg kam, konnte ich noch nicht ahnen, dass das böse Folgen haben würde. Ich kannte ihn bereits länger und hatte ihn damals dazu überredet, das Amt zu übernehmen. Es stellte sich aber sehr bald heraus, dass sich Bords Umfeld regelmäßig in vereinsinterne Angelegenheiten einmischte und teilweise auch Dinge im Verein bestimmt oder wenigstens mitbestimmt hat. Das ging so weit, dass sich diverse Leute aus dem Vorstand verabschiedeten, weil sie ständig, geduldet von Bord, von seiner Entourage kritisiert und angegriffen wurden.

Die schlechte Stimmung im Verein wurde bald auch außerhalb wahrgenommen. Das änderte aber nichts an der Tatsache, dass sich Bord nach wie vor beeinflussen ließ oder zumindest so tat, als ob es so wäre.

Eines Tages platzte mir der Kragen. Ich bestellte meinen Anwalt und bereitete eine Presseerklärung vor, die ich vorerst noch für den Extremfall zurückhalten wollte. In dem Communiqué stand, dass ich mich gezwungen sähe, die unhaltbaren Zustände im Präsidium anzusprechen, wobei die Führung des Clubs inoffiziell seinem Umfeld obliegen würde, das den Club zerstört.

Kurze Zeit später konnte ich nicht mehr anders und trug meinem Anwalt auf, das Schreiben an die Presse weiterzuleiten. Nachdem diese Meldung wie ein Meteorit in der Presselandschaft eingeschlagen hatte, gab es natürlich kein Zurück mehr. Der neue Vorstand beschloss umgehend, mich zu entlassen, wollte das aber aus diversen Gründen erst noch geheim halten – vor allem auch vor mir. Natürlich rechnete ich nach diesem Schritt damit, dass ich rausgeworfen werde. Trotzdem hatte ich Hoffnung, dass der Präsident aufgrund des Drucks der Presse den Kurs vielleicht doch noch ändern oder sogar von sich aus zum Wohle des Clubs zurücktreten würde.

Am Vorabend des 23. September, vor dem Heimspiel gegen den FC Nantes, waren wir mit der Mannschaft im Motel du Rhin und es waren auffällig viele Journalisten vor

Ort – lokale wie nationale Medien. Ich wurde bald von diversen Presseleuten darauf angesprochen, dass geflüstert werde, dass ich nach dem Heimspiel gegen Nantes entlassen werden solle. Offensichtlich ließ man diese Information gezielt durchsickern. Da ich aber offiziell von nichts wusste, konnte ich mich dementsprechend dazu auch nicht richtig äußern.

Am nächsten Tag, als wir in der Meinau ankamen, hatte ich das Gefühl, es war mehr Sicherheitspersonal als Zuschauer im Stadion. Ich kannte viele der Polizisten, die bei unseren Heimspielen im Stadion Dienst taten und fragte einen der Beamten, warum sie in so stattlicher Anzahl hier wären. Er teilte mir mit, dass dies eine Sicherheitsmaßnahme zu meinem persönlichen Schutz wäre. Ich sah nicht ein, warum das nötig sein sollte. Die Fans, das hatten viele Medienberichte und Sympathiebekundungen vorher klar gezeigt, waren alle auf meiner Seite, ich hatte in meinen Augen nichts zu befürchten. André Bord hingegen bevorzugte es, nicht ins Stadion zu kommen.

Wir verloren das Spiel, mental stark vorbelastet durch die Medienhetze, mit 2:1. Die Leistung der Mannschaft war nicht gut, aber bei dem Medienzirkus konnte es nicht verwundern, dass das Team im Kopf nicht frei war. Anstatt der standesgemäßen Pfiffe, die es nach solchen Leistungen schon einmal setzte, war es auf einmal sonderbar still auf den Zuschauerrängen. Niemand schien sich zu bewegen.

Plötzlich schrie jemand »Bord démission, Gilbert avec nous.« (»Weg mit Bord, Gilbert bleib bei uns.«) Innerhalb weniger Sekunden baute sich die Sprachwelle auf und das ganze Stadion stimmte ein. Unser Intendant Robert Félix kam auf mich zu und sagte: »Geh und zeig dich dem Publikum – deinem Publikum.« Ich hatte keinen Plan, wusste gar nicht, wie mir geschah und erhob mich nur zögerlich. Ich schritt in die Mitte des Platzes und winkte dem Publikum unter tosendem Applaus zu. Es erschien mir surreal, die Fans riefen meinen Namen, winkten mir zu und zeigten mir ihre Wertschätzung.

Langsam zog eine Leere in meinen Kopf. Ich spürte in diesem Moment, dass das hier, mein Racing, jetzt vorbei war und komplett zusammenbrach. Ein trauriger Moment, dem ich mich hier ausgesetzt sah. Ich hatte unglaublich viel in diese Mannschaft, in diesen Verein investiert und wusste, wie unglaublich hoch die Anerkennung der Elsässer dafür war. Ich machte schließlich kehrt und ging mit einem Gefühl der Wehmut zurück Richtung Kabine.

Plötzlich sah ich, wie auf den Rängen Feuer und dicker Rauch ausbrach. Die Wut der Fans entlud sich in purer Zerstörung und roher Gewalt. Die eigenen Anhänger nahmen ihr Stadion auseinander und setzten Teile davon in Brand. Wohlgemerkt: Das waren keine Hooligans, die es damals noch gar nicht gab, sondern ganz normale Fans. Es mutete fast wie eine Verbrennung unserer gemeinsamen Geschichte an, es waren fürchterliche Bilder. Die Polizei griff vehement ein, es gab zahlreiche Verletzte und einen beträchtlichen Sachschaden. An diesem denkwürdigen Abend habe ich selbst erfahren müssen, wie schnell eine Situation auf extremste Weise eskalieren kann.

Le Supporter Club Gilbert Gress

Meine Entlassung und die Eskalation nach dem Heimspiel gegen Nantes waren sehr traurige Ereignisse und stellen für sich allein betrachtet ein dunkles Kapitel in meiner Laufbahn dar. Trotzdem hatte die Geschichte auch etwas außerordentlich Positives: Die Solidarität der Menschen in Bezug auf meine Person. Durch die gewonnene Meisterschaft in der Saison 78/79 hatte ich mir unglaublich viel Kredit und Respekt der Menschen im Elsass verdient, die sich jetzt in überwältigender Form widerspiegelte.

Es bildete sich eine Gruppe von Leuten, die mit all dem, was im Club vor sich ging, wie ich nicht einverstanden waren und die mich uneingeschränkt unterstützten – obwohl sie mich nicht persönlich kannten. Es war so eine Art Gegenbewegung, die sehr rasch viel Tempo und Dynamik aufnahm. Es wurden schließlich sage und schreibe 25 000 Unterschriften gesammelt, um meine Entlassung bei Racing zu verhindern und im Gegenzug das Präsidium dazu zu bringen, zurückzutreten. Beides hat nicht funktioniert. Der Präsident blieb trotz des großen Drucks der Fans und der Medien im Amt.

Im Endeffekt scheiterte der ursprüngliche Plan dieser Leute, aber daraus entstand etwas Wunderbares, was noch sehr viele Jahre Bestand hatte. Von der Pro-Gress-Bewegung entwickelte sich die Gruppe zu einem Fanclub, der mich zukünftig mit großer Leidenschaft zu wichtigen Spielen begleiten und mich und meine Mannschaften in besonderer Form unterstützen sollte. In diesem Supporter-Club waren Mann und Frau, Jung und Alt, alles war wirklich bunt gemischt. Ich lernte den Kern der Gruppe bald näher kennen und wir blieben seither in gutem Kontakt.

Als ich 1981, nach einer Station in Brügge, wieder zu Neuchâtel Xamax wechselte, beschloss der Club, aus dem Elsass anzureisen und mich fortan bei allen Europacup-Heimspielen zu unterstützen. Immer auch mit der verbundenen Absicht, mich eines Tages zu einer Rückkehr nach Strasbourg zu bewegen. Diese riesige Solidarität beeindruckte mich in höchstem Maße. Die Leute scheuten weder Zeit noch Kosten, organisierten Busse, die zwischen Strasbourg und Basel in kleinen einzelnen Etappen Dutzende Leute aufsammelten und nach den Spielen spät nachts auch wieder nach Hause brachten. Sie klapperten auch das hinterletzte Dorf auf dem Land ab, kein Aufwand war ihnen zu groß. Das bedurfte einer unglaublich akribischen Vorbereitung und Organisation, die mit sehr viel Arbeit verbunden war. Ab und zu lud ich die Leute nach dem Spiel auch noch zum Essen ein, das heißt, oft kamen sie vor Mitternacht dann gar nicht mehr weg. Nicht wenige von ihnen mussten direkt nach ihrer Ankunft zu Hause am Morgen wieder zur Arbeit.

Für ein einzelnes Europacupspiel musste ich bei Präsident Facchinetti einmal sage und schreibe 400 Karten für den Fan-Club bestellen. Ein solches Engagement und eine derartige Treue von Anhängern kann man gar nicht genug loben, meine Wertschätzung ihnen gegenüber ist bis heute riesengroß. Bei allen wichtigen Spielen waren sie dabei, haben Stimmung gemacht, sich über Siege ausgelassen mit uns gefreut und bei Niederlagen genauso gelitten. Sie wurden im Laufe der Jahre auch eingefleischte Fans von Xamax. Es gab sogar einen wirklich harten Kern, der fast ausnahmslos zu jeder Partie kam (egal ob in Lugano oder Genf) und der selbst heute noch zu Spielen nach Neuchâtel fährt. Wohlgemerkt: Xamax spielt heute in der 2. Liga interregional.

Mit diesen Leuten ist im Laufe der Jahre eine wunderbare Freundschaft entstanden und ich kann mich einfach nur glücklich schätzen, so tolle Menschen hinter mir zu haben. Meine Dankbarkeit kann ich gar nicht angemessen in Worte fassen.

Man spricht flämisch ...

Mein Abschied aus Strasbourg nach den denkwürdigen Ereignissen der letzten Monate fiel mir offen gesagt sehr schwer. Aber ich war bereit und auch motiviert für einen neuen Trainerposten.

Es dauerte nicht lange und ich erhielt eine interessante Anfrage von einem bekannten Verein aus Belgien: Dem Erstligisten FC Brugge. Zwischen 1975 und 1978 war der Österreicher Ernst Happel dort Trainer und feierte mit dem Verein große Erfolge. Er wurde drei Mal in Folge Belgischer Meister und feierte zudem auch noch einen Pokalsieg. Mit Xamax würde ich Happel 1982 im Viertelfinale des UEFA Cups, da allerdings mit dem Hamburger SV, gegenüberstehen. Der HSV gewann 1983 den Pokal der Landesmeister mit einer fast identischen Mannschaft, die Xamax ein Jahr zuvor unglaublich Paroli geboten hatte.

Der FC Brugge war viele Jahre lang Serienmeister in Belgien und hatte dabei innerhalb der eigenen Liga meist nur sehr wenig Konkurrenz. In der laufenden Saison wurden aber von den ersten vier Heimspielen zwei verloren, eins gar mit 1:7 gegen Standard Lüttich. Das war fernab der hohen Ansprüche, die man in Brügge im Laufe der Jahre entwickelt hatte und somit ein kapitaler Fehlstart. Der damalige Vereinsarzt und designierte Präsident Michel D'Hooghe rief mich an und fragte, ob ich mir vorstellen könnte, nach Brügge zu kommen. Wir wurden uns schnell einig und wenig später wurde ich offiziell vorgestellt.

Bei meinem Amtsantritt übernahm ich eine Mannschaft, die in der Vorsaison zwar Meister wurde, aber in der aktuellen Saison eine durchwachsene Bilanz vorzuweisen hatte. Zudem hatten sich innerhalb der Mannschaft verschiedene Grüppchen gebildet, die teilweise nicht miteinander sprachen respektive untereinander ihre Fehden austrugen. Ein unhaltbarer Zustand, den es so rasch wie möglich zu korrigieren galt. Das Unterfangen war aber – vorsichtig ausgedrückt – eher schwierig.

Die Saison verlief durchschnittlich, wir qualifizierten uns trotzdem für den UEFA Cup. Es war für mich aber schnell klar, dass ich in Brügge keine Perspektive hatte und ich deshalb dort nicht bleiben wollte. Auch wenn zu dem Zeitpunkt noch niemand ahnen konnte, dass der Club in der darauffolgenden Saison um ein Haar absteigen würde. Eine Niederlage im letzten Spiel und der Gang in die zweite Liga wäre fällig gewesen.

Das Dreivierteljahr in Belgien war für mich jedoch wie bei jedem Club eine lehrreiche Zeit, allerdings ohne große sportliche oder emotionale Bedeutung. Es war schlicht eine relativ neutrale Erfahrung zur richtigen Zeit. Einen faden

Beigeschmack bekam diese Epoche erst drei Monate später, ich war bereits nicht mehr dort tätig, als ich von einem ungeheuerlichen Vorfall erfuhr, der sich anscheinend bei der damaligen 1:5 Blamage in Brügge gegen Anderlecht zugetragen haben soll.

Die Niederlage war damals auffällig, zu Hause wurde in der Regel sehr stark gespielt und so gut wie kein Spiel verloren. Der damalige dänische Linksaußen Jan Sörensen rief mich an und erzählte mir etwas, was ich kaum glauben konnte: Er hätte mit einem dänischen Kollegen vom RSC Anderlecht gesprochen und der hätte ihm erzählt, dass bei der 1:5 Klatsche in Brügge »ein bis zwei« Verteidiger den gegnerischen Stürmern zugerufen haben, auf welcher Seite sie sie vorbeilassen würden. Normalerweise schossen wir im Schnitt vier Tore zu Hause. Über dieses Spiel hatte ich mir deshalb sehr viele Gedanken gemacht und mich fortwährend gefragt, was ich wohl falsch gemacht hatte.

Als ich hörte, um welche Spieler es konkret ging, wurde mir sofort alles klar. Genau den beiden war kurze Zeit vorher gesagt worden, dass ihre Verträge in Brügge nicht verlängert werden.

Wenn ich früher vergleichbare Geschichten von Kollegen oder anderen Trainern hörte, die nicht klar belegbar waren, fehlte mir stets der letzte Glaube daran, dass so etwas wirklich vorkommen soll. Offensichtlich gab und gibt es im Profifußball aber einige wenige schwarze Schafe, die den Fairplay-Kodex des Fußballs und des Sports allgemein in keinster Weise respektieren. Das ist sehr bedauerlich und muss, wie in der Praxis auch der Fall, mit entsprechender Härte bestraft werden.

In Belgien wurde ich übrigens das erste und einzige Mal in meiner Karriere mit direktem Rassismus mir gegenüber konfrontiert. Ich erhielt einige Hassbriefe und diese gar noch eingeschrieben – ich musste sie demnach auf der Post abholen.

Xamax mischt Europa auf

Im Sommer 1981 kehrte ich nach einigen Gesprächen mit Präsident Gilbert Facchinetti zu Neuchâtel Xamax zurück. Wir hielten unseren Kontakt stets aufrecht und Facchinetti wollte unabhängig unserer Meinungsverschiedenheiten zum Thema Transfers (was mich bekanntlich damals zum Weggang bewegt hatte) immer, dass ich in Neuchâtel bleibe.

Mein Vorgänger und Freund Jean-Marc Guillou hatte die Mannschaft in der Spielzeit zuvor auf die internationalen Plätze geführt, folglich spielte der Club in meiner Rückkehrsaison das erste Mal in der Clubgeschichte im UEFA Cup. Trotzdem verließen zum Ende der Saison drei wichtige Leute den Club. Einer dieser Spieler war Lucien Favre, bei den anderen beiden handelte es sich um Spielertrainer Jean-Marc Guillou und Marc Duvillard.

Ich schaute mir das letzte Meisterschaftsspiel gegen den FC Luzern auf der Tribüne an, um die Mannschaft vor meinem Amtsantritt noch einmal zu beobachten. Nach der Partie fand ein großes Bankett statt, an dem ich ebenfalls teilnahm. So gegen ein Uhr morgens ging ich auf Präsident Facchinetti zu und sagte, wir müssten uns demnächst dringend darüber unterhalten, wie es in der neuen Saison weitergehen solle und welche Mittel zur Verfügung stünden, um neue Spieler zu holen. Facchinetti reagierte sehr defensiv und meinte, dass generell kein Geld vorhanden sei, um neue Spieler zu kaufen. Es müssten Europa Cup-Prämien ausbezahlt werden und diese würden ein großes Loch in die Kasse reißen.

Das war natürlich nicht die Antwort, die ich mir erhofft hatte. Wenn wir international nur einigermaßen bestehen wollten, war es unumgänglich, für die drei Topleute, die den Verein verlassen würden, adäquaten Ersatz zu finden und zu verpflichten. Der Präsident wollte davon nichts wissen, sagte dann aber plötzlich: »Ein Ass habe ich jedoch im Ärmel – Don Givens.«

Ich kannte Givens natürlich, er hatte zuvor unter anderem für Manchester United gespielt, allerdings bereits Ende der Sechzigerjahre. Er war deshalb für mich schon beinahe im Ruhestand, dementsprechend hielt sich meine Begeisterung in Grenzen. Ich wusste nur zu gut, dass Facchinetti gern in Eigenregie Transfers tätigte und das hatte bekanntermaßen nicht immer zum Erfolg und auch schon einmal zu großen Problemen geführt. Es machte sich also Skepsis breit, die nicht kleiner wurde, als Facchinetti ergänzte, Givens sei heute Abend sogar hier und er nickte sogleich in seine Richtung. Ich schaute zu Givens hinüber und beobachtete, wie der gerade aufstand und quälend langsam Richtung Buffet humpelte.

Ich fragte: »Herr Präsident, ist das wirklich ihr Ernst? Das ist ein alter Mann, zumindest hinkt er, als wär er es.« Ich habe dieses klägliche Bild, das Givens an diesem Abend bot, so in Erinnerung als wäre es gestern gewesen. Ich konnte nicht glauben, dass Facchinetti es wirklich ernst damit war. Doch der machte seinen Standpunkt gleich unmissverständlich klar: »Entweder den oder keinen.«

Was blieb mir anderes übrig, dann würde ich ihn halt nehmen – für mich war er aber ein ziemlich hoffnungsloser Fall. Givens unterschrieb dann seinen Vertrag und reiste mit uns nach Durbach in den Schwarzwald, wohin ich als Trainer immer mit meinen Mannschaften ins Trainingslager fuhr.

Zum Trainingsauftakt ordnete ich einen längeren Waldlauf an, der mir Erkenntnisse über den allgemeinen körperlichen Formstand bei den Spielern liefern sollte. Givens, der eigentlich nach der Saison zuvor seine Karriere beenden wollte, von Facchinetti aber überredet worden war, noch ein bisschen in Xamax zu spielen, kam mit fast 20 Minuten Verspätung nach allen anderen an. Sein konditioneller Zustand war, ohne zu übertreiben, erbärmlich. Obendrein war die Verständigung zwischen Givens und mir zunächst nicht einfach. Ich sprach kein Englisch, er weder Deutsch noch Französisch. Peter Küffer, ein Spieler aus der Mannschaft, figurierte als Dolmetscher, da er des Englischen mächtig war.

Nach dem Lauf kam Küffer mit Givens zu mir und sagte: »Trainer, Don möchte mit Ihnen sprechen.« Er sagte dann etwas auf Englisch und Küffer übersetzte. Was er von sich gab, veranlasste mich zum Kopfschütteln. »Don fährt nächste Woche für zwei Wochen in den Urlaub.« Ungläubig sah ich ihn an und sagte zu Küffer: »Sagen Sie Don, wenn er fährt, braucht er gar nicht erst wieder zu kommen.«

Givens entgegnete, er hätte in seiner gesamten Karriere niemals auch nur das geringste Problem mit einem Trainer gehabt und wolle das auch mit mir nicht. Er versprach, dass er körperlich topfit aus dem Urlaub zurückkehren würde. Na ja, dachte ich, so wie Givens jetzt drauf war, konnte ich ihn sowieso nicht gebrauchen und er würde kaum fitter aus dem Urlaub zurückkommen. Ich würde wohl so oder so auf ihn verzichten müssen, also sollte er gehen und die Quittung halt dann erhalten, wenn er wieder zurück war.

Nach zwei Wochen kam Givens zurück – und war körperlich in einer sehr guten Verfassung. Kein Vergleich zu seinem mitleiderregenden Zustand von vor zwei Wochen. Er hatte offensichtlich hart gearbeitet und seine freie Zeit optimal dazu genutzt, sich in Form zu bringen.

Don blieb ganze sechs Jahre in Neuchâtel und war in allen Belangen ein wirkliches Vorbild. Ein Vorzeigeprofi, der seinen Job sehr ernst nahm und der innerhalb der Mannschaft zu Recht höchsten Respekt genoss. Er hatte einen großen Anteil an den Erfolgen, die wir dann errangen.

Kurz vor dem Saisonstart 81/82 hatten wir immer noch das Problem, dass wir dringend Verstärkungen brauchten, aber kein Geld vorhanden war, diese zu finanzieren. Michél Favre, der sportliche Direktor von Xamax, kam eines Tages auf mich zu und meinte, er hätte einen Kandidaten namens Didi Andrey, der vorher in Grenoble gespielt, dann für ein paar Monate beim FC Sion seine Brötchen verdient habe und jetzt vereinslos sei.

Ich kannte den Spieler noch aus meiner Zeit in der Schweiz, als ich 1975 in Xamax Spielertrainer war. Er spielte damals bei Servette Genf und besaß durchaus Talent. Ich hatte ihn allerdings seit einigen Jahren nicht mehr gesehen und wusste demnach nicht, wie es um seine Form bestellt war. Ich traf ihn schließlich in Basel zu einem Gespräch und unterhielt mich mit ihm. Er versicherte mir, er sei in Topform, und dass er sich im Training immer sehr vorbildlich verhalten hätte.

Diese Aussage beeindrucke mich natürlich nicht – das beteuerten alle Spieler, im anschließenden Training sah es dann oft ganz anders aus. Andrey versicherte aber, das auch wirklich umzusetzen, was er dann einen Tag später auch tat. Er meinte, wir bräuchten doch noch einen Rechtsaußen, er hätte einen Schwager namens Claude Sarazin, der letzte Saison bei Servette Genf spielte, nun aber keinen neuen Vertrag erhalten habe und vereinslos sei. »Okay, dann bringen Sie ihn morgen gleich mit zum Training, dann sehen wir weiter«, antwortete ich und war gespannt, wie sich die beiden präsentieren würden.

Wir starteten also in die Saison mit drei neuen Leuten, die fast nichts gekostet hatten. Damals machte ich mir große Gedanken, ob das reichen würde, um insbesondere im Europacup bestehen zu können. Heute sage ich: Wenn ich jemals eine Chance gehabt habe, mit einer Mannschaft ein Finale zu erreichen, dann in diesem Jahr. Die drei Neuzugänge waren absolute Glücksgriffe und haben sofort voll eingeschlagen.

Im Viertelfinale des UEFA Pokals trafen wir auf den Hamburger SV aus der deutschen Bundesliga. Das war eine unglaublich starke Mannschaft mit Spielern wie Beckenbauer, Kaltz, Hrubesch oder von Heesen. Mit Sportdirektor Günter Netzer und Trainer Ernst Happel hatten sie zudem zwei intelligente Macher im Hintergrund, die den Club in den nächsten Jahren an Europas Spitze führen sollten. Ich beobachtete den Gegner zusammen mit meinem Co-Trainer Ruedi Nägeli insgesamt sieben Mal akribisch im Vorfeld, ich kannte das Team somit mittlerweile fast besser als ihr eigener Trainer. Bei ihrem letzten Heimspiel vor unserer Begegnung fegten sie ihren Gegner im heimischen Stadion mit einem Kantersieg, wenn ich mich recht erinnere mit 7:1, vom Platz.

Die Mannschaft hatte wirklich eine ungeheure Qualität und dominierte zu dieser Zeit die heimische Liga. Es waren effektiv nur wenige Schwächen auszumachen, doch ein paar gab es trotzdem.

Unsere Ankunft in Hamburg barg dann gleich eine große Überraschung: Günter Netzer wartete persönlich am Flughafen, um die Mannschaft und mich zu begrüßen. Obwohl eine wirklich nette Geste, empfand ich es aber trotzdem seltsam, weil es einfach nicht üblich war. Ich kannte Netzer natürlich aus der Bundesliga, schließlich spielte ich diverse Male mit Stuttgart gegen Mönchengladbach, wo er die große Figur gewesen war. Im Gegensatz zu anderen Spielern wie Wolfgang Overath oder Otto Rehhagel, die mich auf dem Spielfeld öfter mal mit Sprüchen wie »Du bist ein Gammler« oder »Geh wieder unter die Brücke, wo du herkommst« provozieren wollten, war er auf dem Platz immer fair gewesen und zudem menschlich ein feiner Kerl. Wir verstehen uns auch heute noch gut. Das Einzige, was man ihm anlasten konnte, war die Tatsache, dass er bei praktisch jeder Gegnerberührung auf die Nase fiel. Das war natürlich auch ein Teil der Taktik, Netzer war bekannt für seine filigran getretenen Freistöße. Ich sagte ihm mal während eines Spiels: »Günter, du musst dringend zum Arzt, du hast die Fallkrankheit.«

Netzer und ich begrüßten uns also auf dem Flughafen herzlich, gleich anschließend griff er jedoch in seine psychologische Trickkiste. Er teilte mir mit, wir könnten heute Abend nicht im Stadion trainieren, der gesamte Platz stehe unter Wasser. Wir sollten auf einen Nebenplatz ausweichen, der für uns bereitstünde. Ich wunderte mich sehr über seine

Aussagen, das Wetter war in den vergangenen Tagen nicht besonders gut, aber keinesfalls sehr regnerisch gewesen. Zudem schien jetzt die Sonne. Ich sah ihn ungläubig an und wies ihn darauf hin, dass das Wetter doch prächtig sei und es auch vorher nach meinem Wissensstand kaum geregnet habe. Der Platz sei demnach doch sicher bespielbar. Er verneinte aber vehement und sagte, er könne da definitiv nichts machen, so leid es ihm auch täte. Eigentlich hätten wir gemäß UEFA-Reglement Anspruch darauf gehabt, einen Tag vor dem Spiel auf diesem Platz zu trainieren. Der vermeintliche »Trainingsplatz« schließlich war einer der größten Kartoffeläcker, der mir je untergekommen ist. Es war kaum noch Gras auszumachen, zudem war er dermaßen tief und holprig, dass man darauf nicht adäquat trainieren konnte. Ein großes Ärgernis, mit dem wir aber umgehen mussten – es blieb uns schlichtweg nichts anderes übrig.

Das Spiel lief dann trotz der schlechten Vorbedingungen sehr ordentlich für uns. Hamburg ging zwar 1:0 in Führung, aber ein Geniestreich von Don Givens sollte uns heranbringen und das Spiel zu einem Duell auf Augenhöhe machen. Unser Torhüter Karl Engel kickte den Ball weit aus, woraufhin Beckenbauer versuchte, per Kopf an Manfred Kaltz weiterzuleiten. Don Givens ging dazwischen, ließ Franz Beckenbauer auf halb linker Position nahe der 16-Meter-Grenze mit einer Körpertäuschung ins Leere laufen und hämmerte nach kurzem Sprint den Ball mit einem satten Linksschuss ins Lattenkreuz. Beckenbauer war bei dem Spiel durch ein Rückenleiden leicht gehandicapt. Dann passierte das Unglaubliche: Das Hamburger Publikum schrie »Franz raus« – so etwas hat es wahrscheinlich während seiner gesamten glanzvollen Laufbahn noch nie gegeben.

In der zweiten Halbzeit blieb Beckenbauer dann in der Kabine. Soweit ich weiß, war das, bis auf einige wenige Freundschaftsspiele, das letzte Pflichtspiel als Profi von Franz. Wir haben später Givens immer damit aufgezogen, dass er dafür verantwortlich war, dass Beckenbauer zurückgetreten ist.

Wir waren spielerisch wirklich ebenbürtig. Dafür kassierten wir auch den gerechten Lohn, Nationalspieler Robert Lüthi sorgte ein paar Minuten nach Wiederanpfiff für das verdiente 2:1. Das Spiel war bald ein wahrer Europacup-Fight, wir waren nahe daran, die Sensation zu schaffen. Leider kassierten wir aber nach einem kapitalen Abwehrfehler in der 73. Minute das 2:2 und nur wenig später auch das 2:3 durch den eingewechselten von Heesen.

Nach unserer klasse Leistung war das Resultat letztlich sehr enttäuschend. Mit einer Mannschaft voller Halbprofis, außer Don Givens gingen alle in Teilzeit noch einem Beruf nach, waren wir trotzdem gegen ein deutsches Starensemble nicht nur ebenbürtig gewesen, sondern teilweise das bessere Team. Hätten wir das Unentschieden gehalten, wären wir ins Halbfinale des Wettbewerbs eingezogen. Leider spielten wir beim Rückspiel in Xamax nur 0:0 unentschieden und schieden aus.

Gerade in dem Jahr wäre vieles möglich gewesen, Hamburg traf im Halbfinale auf Radnički Niš aus Jugoslawien, die gegen die Deutschen chancenlos waren. Diese Mannschaft hätten wir auch schlagen können, umso bedauernswerter war es, dass wir gegen den HSV so knapp gescheitert waren. Hamburg verlor übrigens in der Endabrechnung gegen den schwedischen Vertreter IFK Göteborg mit 0:4. Ich hätte nur zu gern erlebt, wie wir gegen diese beiden Teams ausgesehen hätten. So war es aber trotz der großen Enttäuschung eine schöne und reiche Erfahrung.

Bis heute trauere ich dieser Zeit, respektive auch dieser verpassten Chance nach. Mein großer Traum war es immer, mit einem Verein wie Xamax oder Strasbourg ein europäisches Finale zu erreichen. In diesem Jahr wäre es absolut möglich gewesen. Es ist eine Sache, mit einem Verein wie Barcelona, Bayern München, Manchester United oder Real Madrid einen internationalen Titel zu holen. Das sind wiederkehrende Zielsetzungen, das wird schlichtweg von solchen Clubs erwartet. Es aber mit einer Mannschaft zu schaffen, die normalerweise nicht im Konzert der Großen mitspielt, diese aber in einem Wettbewerb nach und nach ausschaltet, wäre für mich stets das Größte gewesen.

Trainer wird man nicht ...

… sondern man wird dazu geboren. Das war stets meine Devise und auch meine Erfahrung, die ich in 30 Jahren Trainergeschäft immer wieder gemacht habe. Daher war ich – ideologisch gesehen – bereits mit zwölf Jahren Trainer und immer der Meinung, dass man sich für diese Tätigkeit nur mit viel Kompetenz qualifizieren kann.

Als ich mit Racing Strasbourg Meister wurde, hatte ich noch keine offizielle Trainerlizenz in Frankreich. Diese galt es dann aber natürlich nachzuholen und das ist auch in Ordnung. Jeder könnte sich sonst Trainer schimpfen und ich bin der Erste, der sagt, dass nicht jeder dafür geeignet ist. Zu oft habe ich schon Sportdirektoren und Präsidenten gesehen, die sich die Trainerschaft zugetraut und dabei eine klägliche Figur abgegeben haben. Ich fand mich also 1980 im französischen Vichy ein, um den Lehrgang für das Trainer-Diplom mit 174 anderen Teilnehmern zu absolvieren. Davon haben gerade einmal sieben Leute bestanden.

Der technische Direktor der Akademie war der in Frankreich sehr bekannte und verdiente Georges Boulogne. Er machte sich mit dem Aufbau von landesweiten Jugendakademien, nationalen Jugendturnieren und neuen Trainerausbildungsmethoden auch über die Landesgrenzen hinaus verdient und holte den französischen Fußball mit diesen Maßnahmen aus seiner sportlich tiefen Depression der Siebzigerjahre. Lange Zeit waren die von Boulogne gegründeten Nachwuchszentren »Centres de Formation« eine Referenz für ganz Europa. Seinem Beispiel folgten nach und nach alle wichtigen Ligen in Europa.

Neben mir bestanden auch zwei zukünftige Nationaltrainer Frankreichs den Lehrgang, nämlich Raymond Domenech und Jacques Santini. Als wir das Diplom von Boulogne entgegennahmen, sagte der: »Das ist nur ein Stück Papier ohne Wert – das wahre Diplom müsst ihr euch im Verein holen!« Damit war ich damals wie heute hundertprozentig einverstanden. Man kann das Trainerdiplom mit Bestnote bestehen und trotzdem in der täglichen Arbeit komplett versagen. Kompetenz, Flexibilität und gesunden Menschenverstand hat man oder hat man eben nicht. Das ist nicht erlernbar. Wenn es wirklich so wäre, dann hätten wir lauter Guardiolas, Heynckes und Wengers und so ist es ja bekanntlich nicht.

Nach dem Europacup-Abenteuer mit Xamax musste ich 1982 auch in der Schweiz meinen offiziellen Trainerschein machen, da mein französisches Diplom damals noch nicht überall anerkannt wurde. Heute sind diese Lehrgänge international und die Diplome werden in der Regel in allen wichtigen Ligen und Verbänden anerkannt. Allerdings dauert die

Ausbildung inzwischen teilweise um einiges länger. Raphaël Wicky, mein TV-Partner bei den Champions League-Übertragungen im Schweizer Fernsehen, ziehe ich damit gern mal auf. Er durchläuft seit ungefähr fünf Jahren diverse Lehrgänge und ist immer noch nicht fertig.

Ich fand mich also 1982 in Magglingen ein, wo die Trainerlehrgänge in der eidgenössischen Hochschule für Sport stattfinden. Ich hätte vorab eigentlich einen technischen Test für das Diplom machen müssen, hatte aber in der turbulenten Zeit bei Xamax keine Zeit dafür. Ein paar Monate nach dem eigentlichen Diplom machte ich dann den Test, als wir mit Xamax in Magglingen im Trainingslager waren und bin aufgrund einer, nach meinem Empfinden, unsäglichen Technikübung, kläglich durchgefallen. Ich sollte im Liegen einen Ball gerade in die Luft werfen, dann aufspringen und den Ball mit der Brust annehmen. Mein Ball flog leider nie gerade hoch, sondern immer nach hinten. Irgendwie hab ich es einfach nicht auf die Reihe bekommen. Nach ungefähr vier Versuchen stand ich entnervt auf und sagte: »Meine Damen und Herren, ade und auf Wiedersehen – was bringt mir das in meinem Trainerjob? Ich gehe ...«

Die Ausbilder beteuerten, ich könne das ruhig noch ein paar Mal versuchen, doch ich hatte keine Lust mehr und ging von dannen. Ein paar Wochen später holte ich den Technikteil aber erfolgreich nach und schloss so die Trainerlizenz für die Schweiz ab.

Übrigens: Ottmar Hitzfeld war damals im selben Lehrgang. Ich habe vor einiger Zeit mal in einer Sendung mit ihm und Rainer Maria Salzgeber scherzend gesagt, wenn ich die teilweise in Französisch gehaltenen Vorträge nicht so akkurat für Ottmar übersetzt hätte, wäre er durchgefallen und kein Trainer geworden.

Trotz meines kleinen Zwischenfalls im Techniktteil empfand ich den Lehrgang insgesamt als sehr nett, vor allem dank Ausbildern wie Michel Fleury oder Referenten wie Paul Wolfisberg.

NSA anno 1982

Wer bisher geglaubt habe, der NSA-Abhörskandal 2013 sei eine neuzeitliche Erscheinung, dem kann ich nur sagen: Falsch!

Als François Mitterand 1981 Staatspräsident in Frankreich wurde, war in gewissen gut informierten Kreisen sehr schnell bekannt geworden, dass er ein Doppelleben führte und aus einer Beziehung mit einer anderen Frau eine uneheliche Tochter hatte. Der Präsident unternahm größte Anstrengungen, diese Tatsache zu verschleiern, um politischen Schaden zu vermeiden. Trotzdem entwickelten sich in gut informierten Politkreisen unglaublich viele Spekulationen, Thesen und Verschwörungstheorien, die rasch den französischen Geheimdienst auf den Plan riefen.

Ich schreibe keinen politischen Kriminalroman, aber natürlich gibt es einen Grund, weshalb ich davon erzähle. Mitterand war 1982 auf Staatsbesuch in der Schweiz und landete mit seinem Helikoptertross von sieben Hubschraubern in der Maladière, also unserem heimischen Fußballstadion in Neuchâtel. Ob es direkt mit dem, was ich gleich erzähle, zu tun hatte, weiß ich nicht, aber es könnte durchaus sein. Vielleicht wurde seinem Stab irgendetwas über Xamax und mir als französischem Trainer in der Schweiz erzählt. Irgendwie wurde ich mit dem französischen Journalisten Jean Edern Hallier in Verbindung gebracht, den ich aber weder persönlich noch namentlich kannte. Hallier stand anscheinend unter starker Beobachtung des französischen Geheimdienstes. Folglich war jeder, der mit ihm in Kontakt stand, automatisch auf deren Radar aufgetaucht und ein potenzieller Verschwörer.

Aber ich kannte Hallier nicht und ich war bis 1996 auch völlig ahnungslos, dass ich namentlich irgendwie mit ihm oder dem französischen Geheimdienst in Verbindung gebracht wurde. Erst als 1996 das Enthüllungsbuch »Les Oreilles du Président« (Die Ohren des Präsidenten) erschien, erfuhr ich über Umwege davon. In diesem Buch wurde enthüllt, wie während vieler Jahre 2000 französische Staatsbürger aus Sport, Wirtschaft, Kunst, Musik, Kultur etc. systematisch von der Regierung Mitterand abgehört wurden. In dem gut recherchierten Buch tauchte unter dem Aktenzeichen »Kidnapping« mein Name auf. Offensichtlich befürchtete der französische Geheimdienst, dass ich an einer geplanten Entführung im Zusammenhang mit einer Person im nächsten Umfeld des Präsidenten zu tun gehabt haben könnte. So absurd das klingt, so lächerlich war das natürlich auch. Trotzdem ist es kein gutes Gefühl, wenn man im Nachhinein erfährt, dass man womöglich über einen sehr langen Zeitraum telefonisch abgehört wurde.

Ich weiß nicht, ob es irgendwelche Protokolle darüber gibt oder ob ich wirklich ernsthaft belauscht wurde. Ich kann aber die Empörung in der Welt aufgrund des NSA-Abhörskandals sehr gut nachvollziehen. Und wie eingangs erwähnt – abgehört wurde schon vor über dreißig Jahren im großen Stil. Vielleicht möchten wir deshalb auch gar nicht so genau wissen, was und wem wir uns heute aussetzen mit unserer Kommunikation via Telefon, Handy oder Computer.

Auf der Erfolgsspur

Nach der spektakulären Europacup-Saison 1982/83 folgten zuerst zwei eher schwierige Jahre, in denen wir nicht international mitspielten. Wir waren in der Meisterschaft stets im oberen Mittelfeld, hatten aber nach einigen Abgängen nicht genügend Qualität, um an die erfolgreiche Zeit anzuknüpfen. Ein großes Problem war mit dem Abgang von Didi Andrey zum Ende der Saison 81/82 verbunden. Andrey hatte eine Ausstiegsklausel bis zum 30. Juni in seinem Vertrag. Das war natürlich sehr amateurhaft. Eine solche Klausel muss, wenn überhaupt, viel früher datiert sein. Durch die erfolgreiche Europacup-Kampagne wurde der französische Erstligaclub FC Mulhouse auf ihn aufmerksam, woraufhin er sich entschloss, dahin zu wechseln. Wir hatten keine Chance, in der kurzen Zeit einen gleichwertigen Ersatz für ihn zu finden Er war ein sehr wichtiger Bestandteil der Mannschaft und nicht 1:1 zu ersetzen. Dieses Beispiel zeigt, wie wichtig eine akkurate Planung, was die Spielerverträge anbelangt, für nachhaltige Erfolge ist. Gerade bei kleineren Vereinen sind Abgänge, vor allem wenn sie keinen finanziellen Nutzen wie bei Andrey nach sich ziehen, ganz schwer zu kompensieren.

Einen noch größeren Dämpfer gab es dann auch zum Ende der Saison 84/85 im Cup-Wettbewerb. Wir verloren das Finale gegen den FC Aarau mit 0:1 und verpassten damit den ersten wichtigen Titel in der Clubgeschichte. Da wir in der Tabelle nun Dritter waren und Aarau durch den Cupsieg europäisch im neuen Jahr im Wettbewerb der Pokalsieger antrat, rückten wir aber immerhin auf den UEFA Cup-Platz vor, den damals nur der Zweitplatzierte eines jeden europäischen Landes erreichte.

In der Vorbereitung zur Saison 1985/86 gab es endlich gute Nachrichten. Das Präsidium teilte mir mit, dass für die neue Spielzeit Mittel zur Verfügung stünden, um den einen oder anderen erstklassigen Spieler zu holen. Neuchâtel Xamax sollte international und auch in der heimischen Liga von sich reden machen. Für solche Nachrichten war ich natürlich mehr als nur empfänglich – meist geht es als Trainer eines eher kleinen Clubs in die genau umgekehrte Richtung.

Einen der größten Transfercoups in der Geschichte von Xamax landeten wir im Sommer 1985. Es gelang uns, den deutschen Ex-Internationalen Uli Stielike von Real Madrid zu verpflichten. Stielike war zwar im Herbst seiner Karriere angelangt, aber immer noch einer der besten Defensivspieler der Welt. Er war zuletzt vier Mal in Folge der beste Ausländer in der spanischen Primera Division und ist bis heute der statistisch beste Deutsche aller Zeiten im Real-Trikot.

Sein Titel-Palmarès hat sich gewaschen und war schier endlos: dreifacher Deutscher Meister, DFB-Pokalsieger, zweifacher UEFA Cup-Sieger, drei Mal Spanischer Meister, Europameister und Vize-Weltmeister. Er war definitiv eine Riesenverstärkung für uns und nebenbei eine große Attraktion in der Nationalliga A.

Neben Stielike konnten wir zudem den Schweizer Rekordinternationalen Heinz Hermann und den Dänen Carsten Nielsen von Racing Strasbourg verpflichten, der dort auf dem Abstellgleis stand. Nielsen war ein unglaublich korrekter Kerl und ein Ausnahmespieler. Er spielte in den Siebzigerjahren in Mönchengladbach an der Seite von Stielike und gewann dort 1977 den deutschen Meistertitel. Seine Verpflichtung würde sich noch auszahlen.

Mit dieser neu gewonnenen Qualität in der Mannschaft avancierten wir in der Nationalliga A zu einem Spitzenteam und waren auch auf europäischer Ebene erneut ein ernst zu nehmender Gegner. Unsere erste gemeinsame Europa-Kampagne war eine unglaublich erfolgreiche, die wir mit ein wenig mehr Glück vielleicht sogar mit einem großen Coup hätten abschließen können. Unsere Lehren, die wir damals auf internationalem Parkett gezogen hatten, sollten uns auch dieses Mal nützlich sein. Zudem waren mit Stielike und Nielsen zwei Leute im Team, die beide den Wettbewerb schon gewonnen hatten. Wir rechneten uns daher durchaus zu Recht gute Chancen aus, relativ weit zu kommen.

In der ersten Runde wurden wir dem rumänischen Traditionsklub Steaua Bukarest mit dem späteren Superstar Gheorge Hagi, zugelost. Wir spielten zuerst zu Hause und gewannen souverän mit 3:0. Das folgende Auswärtsspiel in Bukarest werde ich nie vergessen. Nicht, weil wir dort ein spektakuläres 4:4 (nach 2:4 Pausenrückstand) spielten, sondern wegen der Eindrücke auf der Busfahrt zurück zum Flughafen. Diktator Ceaușescu, der damals noch an der Macht war, feierte gerade einen Staatsakt und ließ deshalb die Hauptstraßen komplett abriegeln. Wir waren daher gezwungen, mit dem Mannschaftsbus auf Nebenstraßen auszuweichen, wo wir mit dem gesamten Elend dieses verbrecherischen und diktatorischen Regimes konfrontiert wurden. Wir fuhren durch heruntergekommene Dörfer und begegneten Menschen, die teilweise kaum mehr menschliche Züge hatten. So ausgehungert, verelendet und im Stich gelassen sah die Bevölkerung auf dem Land aus. Insbesondere der Anblick der Kinder hat mich ungemein schockiert. Diese Bilder ließen mich nicht los. Einige Zeit später veranstalteten wir ein Benefizspiel in Strasbourg, um Geld für ein Projekt in Rumänien zu sammeln.

Nachdem wir Bukarest ausgeschaltet hatten, besiegten wir der Reihe nach Sofia und Dundee, das ein Jahr zuvor im Halbfinale des Europapokals der Landesmeister stand. Damit erreichten wir nach 1982 erneut ein UEFA Cup-Viertelfinale und bekamen auch da wieder ein Hammerlos: Real

Madrid. Die Spanier hatten damals eine überragende Mannschaft mit Spielern wie Butragueño, Camacho, Valdano, Michel oder dem Mexikaner Hugo Sànchez. Erst ein Jahr zuvor hatte Uli Stielike noch in diesem Starensemble gespielt, nun war er bei uns im Team und natürlich bis in die Haarspitzen motiviert, dem großen Favoriten ein Bein zu stellen.

Wir spielten zuerst auswärts im Santiago Bernabeu in Madrid. Die Kulisse war überwältigend, das Stadion mit 103 000 Zuschauern rappelvoll. Skandalös an diesem Abend war die Leistung des Schiedsrichters, an die sich wohl jeder Xamax-Fan noch heute mit viel Zorn erinnert. Erst aberkannte er uns einen korrekten Treffer, anschließend verwehrte er uns auch noch einen klaren Elfmeter. Die Quittung dafür war, dass wir das Match mit 0:3 verloren. Wir hatten alle Chancen, das Spiel ausgeglichen zu gestalten, doch der Unparteiische hielt es nicht für nötig, sich in Neutralität zu üben. Nach dem Spiel war ich entsprechend aufgebracht und erklärte vor versammelter Presse, dass wir zukünftig zwei Europapokal-Wettbewerbe spielen sollten: Einen für die Mächtigen und einen für den ganzen Rest. Dafür erhielt ich anschließend von der UEFA schriftlich eine Rüge.

Nach der auf dem Papier klaren Niederlage gegen Real waren die Kartoffeln normalerweise schon geerntet. Das dachten zumindest viele. Ich hingegen war mir sicher, dass zwischen dem Real zu Hause und dem Madrid auswärts spielerisch eine riesengroße Lücke klaffen würde. Ich wusste, dass die Mannschaft auf fremden Plätzen auch mal Mühe bekundete, zudem war sie sich zu dem Zeitpunkt schon zu sicher, dass gegen uns nichts mehr anbrennen würde. Und es kam wie erhofft: Vor fast 25 000 Zuschauern, darunter nicht wenige von meinem Fan-Club im Elsass, markierte Stielike frühzeitig das 1:0.

Leider mussten wir dann, obwohl mindestens auf Augenhöhe, zu lange auf das 2:0 warten, es fiel erst drei Minuten vor Schluss. Wir schafften es nicht, das dritte Tor noch zu schießen, das uns in die Verlängerung gebracht hätte. Ich bin mir sicher, dass wir in einer Verlängerung das Blatt noch zu unseren Gunsten hätten wenden können. So blieb uns, wie vier Jahre zuvor, nur das Verdikt, gegen einen europäischen Riesen zwar viel Paroli geboten zu haben, aber trotzdem ausgeschieden zu sein. Wir schieden erhobenen Hauptes aus dem Wettbewerb und ernteten viel Respekt und Bewunderung für die gebrachten Leistungen. Die Truppe damals hatte eine außerordentliche Mentalität und große spielerische Klasse. Es war eine unglaublich schöne Erfahrung, mit dieser Mannschaft zu arbeiten.

Nicht nur in der erneuten Viertelfinal-Qualifikation im UEFA Cup zeigten sich Parallelen zu der letzten Europacup-Kampagne. Die aufreibenden, auf sehr hohem Niveau stattfindenden Europapokal-Partien kosteten uns viel Kraft und in der Liga wahrscheinlich vier bis sechs Punkte in der Endabrechnung. Der Meistertitel wurde wohl auch aufgrund der massiven Mehrbelastung in dieser Saison verpasst. Wir beendeten die Saison als Zweitplatzierte, zwei Punkte hinter den Berner Young Boys, die in dem Jahr ihren bislang letzten Meistertitel feierten. Etwas anderes als Meister zu werden in dieser Spielzeit war eigentlich zu wenig, aber unsere große Zeit sollte in der darauffolgenden Saison kommen.

Xamax startete dann mit großen Ambitionen in die Saison 1986/1987. Wir hatten bereits im Vorjahr die Qualität, um Schweizer Meister zu werden, konnten aber die Doppelbelastung noch nicht so gut wegstecken wie gewünscht. Nun sollte nichts mehr dem Zufall überlassen und die Mannschaft noch einmal gezielt verstärkt werden. Der Club schaltete in Sachen Transfer in den höchsten Gang. Xamax verpflichtete Beat Sutter und leistete sich mit dem schottischen Internationalen David Dodds einen hochkarätigen Spieler und sorgte damit für den größten und teuersten Transfer in der Clubgeschichte.

Dodds kam aus Dundee und hatte dort auf nationalem und internationalem Parkett schon für Furore gesorgt. Nach seiner Verpflichtung bekam ich rasch das Gefühl, dass das nicht mehr derselbe Spieler war, den wir kurze Zeit vorher beobachtet hatten. Seine Torabschlussschwäche war gravierend, er traf im Training fast das leere Tor nicht. Um mich abschließend davon zu überzeugen, dass ich nicht falschlag, ließ ich ihn eines Tages eine Dreiviertelstunde mit Schlussmann Joël Corminboeuf ein Extratraining absolvieren. Ich passte oder flankte und die Anweisung an ihn war, dass er den Ball schnell im Tor unterbringen sollte. Nach Ende der Trainingseinheit hatte Corminboeuf maximal vier Mal hinter sich gegriffen. Die restlichen Schüsse parierte er oder Dodds semmelte sie neben oder über das Tor. Ich suchte sofort das Gespräch mit Präsident Facchinetti und riet ihm eindringlich, Dodds noch vor Saisonstart wieder zu verkaufen. Wir hatten Glück, er unterschrieb anschließend in Aberdeen.

Es stellte sich später heraus, dass wir ihn, selbst in guter Form, gar nicht gebraucht hätten. Wir wurden souverän mit fünf Punkten Vorsprung auf die Grasshoppers Schweizer Meister. Der erste Titel der Clubgeschichte nach vielen Jahren harter Arbeit war endlich eingefahren. Mit einer der besten Mannschaften, die ich in meiner Karriere trainiert habe.

Mit dem Erringen des Meistertitels spielten wir europäisch nun automatisch eine Liga höher, nämlich im Europapokal der Landesmeister. In der ersten Runde trafen wir auf den Finnischen Meister Lahti, den wir mit dem Gesamtscore von 6:2 klar besiegten. In der zweiten Runde bekamen wir es, fast schon nach gewohnter Manier, mit einem absoluten Schwergewicht zu tun: Dem FC Bayern München. Die Deutschen hatten im Jahr zuvor das Endspiel gegen den FC Porto verloren. Im Team fanden sich so klangvolle Namen wie Pfaff, Matthäus, Augenthaler oder Rummenigge.

Die Bilder von der Auslosung der zweiten Runde wurden damals vom Fernsehen übertragen und die Reaktion der Bayerndelegation, als das Los auf Xamax fiel, war ein zufriedenes Lächeln. Sie wiegten sich bereits in Sicherheit und sahen uns nur als unterlegenen Sparringspartner auf dem Weg in die nächste Runde.

Aber bei dem Spiel in Neuchâtel stand ihnen dann eine auf Augenhöhe agierende Mannschaft gegenüber, die viele Torchancen hatte und verdient mit 2:1 gewann. Beim Rückspiel in München hielten wir erneut gut dagegen und gingen mit einem 0:0 in die Pause. Als wir vom Spielfeld Richtung Katakomben schritten, um schnell in die Kabine zu kommen, stellten wir erstaunt fest, dass die Kabinentür versperrt war. Wir warteten minutenlang, bis uns endlich jemand die Tür aufsperrte, nur um dann festzustellen, dass die Spieler allesamt dreist bestohlen worden waren. Es fehlten Geld, Uhren, Schmuck und andere Wertgegenstände. Unglaublich, dass so etwas bei einem derart hochkarätigen Spiel in einem solchen Stadion möglich war. Wir mussten dieses Ereignis jedoch schnell ausblenden und uns weiter auf die Sache konzentrieren.

Die Spieler schafften es dann auch, die Konzentration trotz dieses Vorfalls hochzuhalten und sie spielten weiterhin gut mit. In der 75. Minute erlitt mein Mittelstürmer Robert Lüthi einen Krampf, woraufhin ich ihn auswechseln musste. Ich brachte mit Van der Gijp wiederum einen Stürmer aufs Feld. Das muss ich mir heute noch von meiner Frau anhören, dass ich damals einen taktischen Fehler gemacht hätte und zwingend einen Defensivmann hätte einwechseln müssen.

Das Spiel war schon fast vorbei, als zwei Minuten vor Schluss doch noch der Führungstreffer für die Bayern fiel. In der Nachspielzeit erhöhten die Deutschen dann gar auf 2:0 und versetzten uns damit den K.O.-Schlag.

In der Meisterschaft konnten wir das Niveau aus dem Vorjahr halten und verteidigten unseren Meistertitel. Zum Schluss lagen wir mit nur einem Punkt Vorsprung vor den Grasshoppers, die wie in der vorangegangenen Spielzeit Vizemeister wurden. Ein erneutes Europa-Abenteuer stand uns also bevor, Xamax spielte das zweite Jahr in Folge in der höchsten europäischen Spielklasse!

In der ersten Runde trafen wir auf den Griechischen Meister Larissa, den wir erst im Penaltyschießen bezwingen konnten. In Runde zwei wartete dann mit Galatasaray Istanbul bereits wieder ein größeres Kaliber. Wir siegten allerdings zu Hause ohne Probleme mit 3:0 und waren damit voller Zuversicht hinsichtlich des Rückspiels am Bosporus.

Eine Woche vor dem Spiel rief mich der damalige Co-Trainer vom Wiener Sport Club, Didi Constantini, an und warnte mich aufgrund eigener Erfahrungen vor den Schikanen der türkischen Fans vor Ort. Diese waren bekannt dafür, vor dem Hotel der Gastmannschaft die ganze Nacht über viel Lärm zu machen, damit die Spieler nicht zu ihrem Schlaf fanden. Ich rief umgehend den Manager von Galatasaray an, zu dem ich gute Beziehungen pflegte, und wurde sofort von ihm beruhigt.

Gelandet in Istanbul, war das Erste, was wir auf dem Rollfeld zu Gesicht bekamen, eine Gruppe türkischer Fans, die eine ungefähr zehn Meter lange Banderole mit der Aufschrift: »Willkommen in der Hölle von Galatasaray«, in den Händen hielt. Das vermittelte nicht unbedingt herzliche Gastfreundlichkeit und bescherte uns allen ein mulmiges Gefühl im Magen. Damit nicht genug, gegen zwei Uhr morgens entwickelte sich vor dem Mannschaftshotel ein Riesenlärm, verursacht von zahlreichen türkischen Fans. Die Warnung im Vorfeld war demnach nicht von ungefähr gekommen. Die Polizei rückte zwar an und löste die Fanversammlung auf – allerdings zwei Stunden zu spät für uns.

Als wir am nächsten Abend im Stadion ankamen, war die Stimmung schon hochgradig aufgeladen. Die einheimischen Fans heizten mit ihren Sprechgesängen und ihrem Gekreische die Stimmung im Stadion auf. Der Gang aufs Spielfeld entwickelte sich für uns schließlich zum Spießrutenlauf, wir wurden mit von Steinschleudern abgeschossenen Münzen malträtiert. Ein Einlaufen in der Nähe der Tribünen war absolut unmöglich.

Als das Spiel endlich begann, kam es nach kurzer Zeit zu einer ersten Ecke für uns. Als Robert Lei-Ravelo zur Eckfahne schritt, kam eine volle Wasserflasche auf ihn zugeflogen, die seinen Kopf nur um Haaresbreite verfehlte. Ein paar Minuten später unterbrach der französische Unparteiische schließlich die Partie, weil einer seiner Assistenten von einem Gegenstand getroffen wurde und benommen zu Boden ging. Die Atmosphäre im Stadion war vergiftet und definitiv nichts für schwache Nerven. Bis zu dem Tag hatte ich noch nie Angst während eines Fußballspiels, aber das hier war definitiv eine Ausnahmesituation.

Zur Halbzeit stand es 0:1 für die Türken, kurz nach Wiederanpfiff kassierten wir noch ein zweites und ein drittes Tor. Um als Sieger in dieser 2. Runde hervorzugehen mussten wir nun dringend ein Tor schießen, eine Verlängerung oder gar ein Elfmeterschießen in diesem Hexenkessel wollte ich unbedingt vermeiden. Ich schickte Adrian Kunz, einen Stürmer, zum Einlaufen an die Seitenlinie. Kurze Zeit später kehrte er mit blutüberströmtem Gesicht zurück, offensichtlich wurde er von einem Gegenstand am Kopf getroffen. Trotz Kopfverband kam er dann noch ins Spiel. Allerdings kassierten wir wenig später das 4:0 und waren zu dem Zeitpunkt aus dem Wettbewerb ausgeschieden. Kurz vor Schluss versuchte einer meiner Stürmer, den gegnerischen Torhüter mit einem Lob zu überlisten. Ich sah den Ball praktisch schon im Tor und dachte einen Moment lang, was wohl passieren würde, wenn wir hier doch noch weiterkommen. Ich glaube, wir hätten in der Tat froh sein müssen, unbeschadet aus dem Stadion zu kommen. Die Frage stellte sich aber nicht, der Ball ging knapp über die Querlatte, kein Tor, keine Rettung in letzter Minute. Die Türken erhöhten gar noch auf 5:0.

Es war glasklar, dass wir gegen dieses Skandalspiel und das damit verbundene Resultat Protest bei der UEFA einlegen würden. Erstinstanzlich wurde das Spiel am grünen Tisch auch für uns und gegen die Türken gewertet. Da Galatasaray aber in Revision ging, musste das Ganze erneut verhandelt werden. Die Türken kamen mit einer Delegation von fast 20 Leuten nach Zürich, angeführt von ihrem vorherigen Coach und deutschen Ex-Bundestrainer Jupp Derwall. Vonseiten Xamax waren nur der Präsident und sein Anwalt anwesend. Der ebenfalls anwesende Schiedsrichter der Partie gab zu Protokoll, dass die Geschehnisse im Stadion das Spiel nicht beeinflusst hätten und dieses seiner Ansicht nach normal zu werten sei. Die Entscheidung fiel gegen uns, das Spiel wurde normal gewertet. Einzig eine Spielsperre von zwei internationalen Heimspielen wurde als Kompensationsstrafe gegen die Türken ausgesprochen. Diese Entscheidung war ein absoluter Skandal und widersprach jeder Fairplayregel. Was zudem sehr schade war: Im Viertelfinale hätte der AS Monaco mit meinem früheren Spieler Arsène Wenger gewartet.

Einige Jahre nach diesem denkwürdigen Abend in Istanbul, ich war mittlerweile Schweizer Nationaltrainer, kam ein

UEFA-Funktionär auf mich zu und erzählte mir Haarsträubendes. Er saß damals mit im Entscheidungsgremium und entschuldigte sich aufrichtig für das, was passiert war und wie entschieden wurde. Das wäre nach seiner Ansicht eine Entscheidung der Schande gewesen. Aber er berichtete mir, dass er und einige andere Komiteemitglieder vorab Morddrohungen erhalten hätten und folglich große Angst um ihr Leben und das Wohl ihrer Familie hatten. Es wäre ihnen absolut keine andere Wahl geblieben, als für Galatasaray zu entscheiden. Selbst siebzehn Jahre später sprach man in der Türkei noch von diesem Spiel. Da besuchte mich nämlich das türkische Fernsehen in Sion, um mich zu den Geschehnissen an jenem Abend zu befragen.

Mit dieser unfreiwillig spektakulären Europacup-Begegnung zeichnete sich langsam ein Ende meines Engagements in Neuchâtel ab. Ich blieb zwar noch eine weitere Saison, in der wir aber nicht mehr an die großen Zeiten anknüpfen konnten, und verließ den Club 1990 nach neun schönen, spannenden und sehr lehrreichen Jahren.

Ich kehrte dann 1994 noch einmal nach Neuchâtel zurück und arbeitete weitere vier Saisons dort. Der Club fand aber nie mehr in die Erfolgsspur zurück und erlebte seinen Tiefpunkt mit dem Zwangsabstieg 2012 in die Fünftklassigkeit. All die wunderbaren Momente, die ich und viele andere mit diesem Verein feiern durften, waren von heute auf morgen praktisch Geschichte.

Vor nicht allzu langer Zeit kam ein langjähriger Xamax-Fan auf mich zu und sagte mit einer unglaublichen Demut: »Auch wenn ich noch 100 Jahre leben würde, hätte ich nicht genügend Zeit, mich für das ganze Glück zu bedanken, welches Sie mir mit Xamax gegeben haben.«

Ein treffendes Beispiel, was wir mit dem Fußball erreichen können: Nämlich Menschen glücklich zu machen, egal aus welcher sozialen Schicht sie kommen oder welches Schicksal sie begleitet. Das ist die schönste Bestätigung, die man als Trainer oder Spieler von seinen Anhängern bekommen kann.

Präsidentenchaos in Genf

Kurz vor der Winterpause der Saison 89/90 führte ich ein Gespräch mit dem Xamax-Präsidenten Gilbert Facchinetti, bei dem ich unsere zukünftige Zusammenarbeit infrage stellte. Ich war mittlerweile neun Jahre in Neuchâtel Trainer und spürte, dass mir eine Luftveränderung guttun würde. Facchinetti meinte daraufhin, dass wir zuerst einmal die Winterpause abwarten sollten und uns dann im Januar gemeinsam Gedanken machen würden, ob und wie es weitergehen könnte. Ich erklärte mich damit einverstanden, allerdings bereits mit der inneren Gewissheit, dass ich meine Meinung nicht mehr ändern würde. Wir setzten uns dann im neuen Jahr zusammen und einigten uns schließlich darauf, nach Ablauf der Saison einen Schlussstrich zu ziehen und getrennte Wege zu gehen.

Meine Entscheidung traf ich nicht aufgrund irgendeiner sportlichen Krise oder eines bestimmten Vorfalls. Im Gegenteil, in dieser Saison spielten wir vorn mit, waren nach der Qualifikationsrunde Zweiter und nach der Finalrunde Dritter in der Tabelle. Wir erreichten zudem auch das Cupfinale, das aber leider mit 1:2 gegen Grasshopper Zürich verloren ging. Der frischgebackene Schweizer Meister holte sich mit dem Cup in diesem Jahr das Double und war die einzige Mannschaft, die in beiden Wettbewerben besser war als wir. Ein Sieg im Finale wäre wahrscheinlich ein etwas zu süßer Abschied für mich gewesen – dabei hätte ich den Cup mit Xamax wirklich gern gewonnen.

Ich hatte mehrere Angebote auf dem Tisch, unter anderem von zwei Vereinen, die mir wohlbekannt waren: Nämlich zum wiederholten Mal Paris Saint-Germain, wohin ich trotz intensivster und jahrelanger Bemühungen von Präsident Borelli nie ging, und meinen Heimatclub Racing Strasbourg, der mittlerweile in der zweiten französischen Liga spielte. Dazu gesellte sich mit Servette Genf ein Schweizer Traditionsverein, der schon längere Zeit reges Interesse an mir signalisiert hatte. Mit Präsident Dominique Warluzel hatte ich mehrere gute Gespräche, weshalb ich mich am Ende für Servette und gegen Strasbourg entschied. Ein Engagement in Paris zog ich nicht in Betracht, da die Mannschaft nicht gut genug und vom Spielermaterial her eher veraltet war.

Zwei Tage nach dem Trainingsauftakt besuchte mich Präsident Warluzel mit zwei mir unbekannten Leuten im Mannschaftshotel und verkündete, dass er ab sofort nicht mehr Präsident bei Servette sei und mir seinen Nachfolger, Herrn Ambrosetti, vorstellen möchte. Ich war innerlich schockiert: Warluzels Bemühungen waren der ausschlaggebende Grund gewesen, warum ich nach Genf gekommen war. Ich hatte viele Male mit ihm gesprochen und er war es, der mich unbedingt zu Servette holen wollte. Ambrosetti, das spürte ich bereits im allerersten Gespräch, hatte weder Ahnung vom Fußballgeschäft, noch davon, was ein Präsident in einem Verein zu tun hatte. Zudem fehlte ihm jegliche Lust und Leidenschaft. Zwei Monate später war er dann auch genauso schnell wieder weg, wie er damals kam. Das Chaos im Verein war beispiellos und ich fragte mich oft selbstkritisch, in was ich da nur hineingeraten war.

Eines Tages wurde Michel Gollet, damals Vorstandsmitglied bei Servette, von einem ihm bekannten Rechtsanwalt kontaktiert. Dieser erzählte ihm, dass er einen Präsidentschaftskandidaten für den Club gefunden habe, der Interesse hätte an dem Job und dem Club auch finanziell einiges bringen könnte. Es handelte sich um den französischen Multimillionär Paul-Annick Weiller, damals einer der reichsten Männer in Frankreich. Er war bereits 20 Jahre Mitglied im Verein, aber niemand kannte ihn wirklich. Es kam schließlich zu einem Treffen bei besagtem Rechtsanwalt in Genf, bei dem Gollet und ich Herrn Weiller kennenlernen und ihn anhören sollten. Weiller war wie ich Elsässer und erzählte mir, dass er mich und meine Karriere schon viele Jahre verfolge und er sehr gern gemeinsam mit mir, analog Facchinetti in Xamax, etwas Nachhaltiges aufbauen würde. Allerdings müsse er sich den Verein und die laufenden Geschäfte vorab genau anschauen, bevor er sich endgültig entscheiden könne. Wir vereinbarten, dass Herr Weiller mich in sechs Wochen anrufen und mich dann über seine Entscheidung informieren würde. Eines war mir bereits zu dem Zeitpunkt glasklar: Sollte er nicht Präsident werden, würde ich den Club Ende der Saison wieder verlassen. Die Strukturen und die gesamte Vereinsführung waren schlichtweg nicht professionell.

Ich wartete die sechs Wochen ab, hörte aber nichts von Herrn Weiller. Dafür meldete sich Racing Strasbourg wieder und machte mir ernsthafte Avancen, in die Heimat zurückzukehren. Ich wollte aber natürlich vorab Klarheit in Bezug auf das Engagement von Herrn Weiler in Genf, bevor ich mich ernsthaft mit dem Gedanken an eine Rückkehr nach Strasbourg beschäftigte. Allerdings gab ich Racing Strasbourg eine unverbindliche Zusage, dass, wenn es in Genf nicht klappen sollte, ich nach Strasbourg zurückkehren würde. Es vergingen nochmal zwei Wochen ohne Nachricht des designierten Präsidenten, was mich langsam, aber sicher in eine Zwickmühle brachte.

In der Zwischenzeit signalisierte nämlich auch der deutsche Bundesligist Borussia Dortmund Interesse an mir. Mein ehemaliger Teamkollege beim VfB Stuttgart und guter Freund, Horst Köppel, war damals Trainer bei der Borussia, stand aber kurz vor dem Abschied. Er rief mich an und teilte mir mit, dass der Druck der Fans und der Medien nach einer bisher schwierigen Saison zu groß geworden sei für ihn und man sich deshalb in Kürze trennen würde. Ich sei ein ernsthafter Kandidat für seine Nachfolge und man würde im Verein offen über eine Verpflichtung von mir sprechen. Eine offizielle Anfrage würde wohl noch heute Abend erfolgen.

Tatsächlich meldete sich Dr. Gerd Niebaum, der damalige Präsident von Borussia Dortmund, noch am selben Tag bei mir und erkundigte sich nach meinem Interesse und meiner aktuellen Vertragssituation. Ich erklärte ihm, dass für einen Verbleib in Genf noch wichtige Details geklärt werden müssten, ich auf der anderen Seite alternativ aber bereits Strasbourg moralisch zugesagt hätte. Eine aus heutiger Sicht absolut unkluge Entscheidung, Dortmund wäre genau der richtige Verein gewesen. Ein anderer hat die Chance in Dortmund dafür beim Schopf gepackt und ist gut damit gefahren: Ein gewisser Ottmar Hitzfeld, der seine große internationale Trainerkarriere mit diesem Schritt lancierte und später mit herausragenden Spielern Meisterschaft, Champions League, DFB Pokal und den Weltpokal in den Ruhrpott holte.

Mit Hitzfeld bekam ich es einige Zeit später, 1994, als ich wieder in Strasbourg Trainer war, zu tun. Frank Leboeuf, der 50 Länderspiele für Frankreich bestritt, Welt- und Europameister wurde und einige Jahre in der Premiere League für den FC Chelsea spielte, war zuvor von 1991–1995 Spieler bei Racing und hatte Begehrlichkeiten in Dortmund geweckt. Wie das unter Trainerkollegen ab und zu üblich ist, erkundigte sich Hitzfeld bei mir telefonisch über den Spieler. Allerdings schien er nicht gerade optimal vorbereitet, da er zwar die Position kannte, die Leboeuf spielte, dafür aber nicht wusste, wie er hieß. In der Annahme, dass das Gespräch unter uns bleibt (was selbstverständlich ist für einen Austausch unter Trainerkollegen), berichtete ich ihm, dass Leboeuf zwar ein guter Verteidiger wäre, aber eher trainingsfaul sei und sein volles Potenzial bisher nicht ausgeschöpft habe.

Hitzfeld nahm das dankend zur Kenntnis und verabschiedete sich. Einige Tage später kam Leboeuf zu mir und war sehr aufgebracht. Er sagte: »Trainer, Sie haben mit Ihren Aussagen meinen Wechsel zu Borussia Dortmund verhindert und ruinieren mir meine Karriere!«

Ich war sehr enttäuscht – nicht von Leboeuf, sondern von Hitzfeld. Es gehört sich nicht, Inhalte eines vertraulichen Gesprächs zwischen Trainerkollegen anschließend gegenüber dem betroffenen Spieler preiszugeben. Dass es auch anders geht, bewiesen Kollegen wie Guy Roux vom AJ Auxerre, mit dem ich mich öfter austauschte oder Otto Rehhagel, der sich während meiner Tätigkeit in der Schweizer Nationalmannschaft mal bei mir über Kubilay Türkyilmaz erkundigte.

Da ich von Servette respektive von Herrn Weiller auch nach über acht Wochen immer noch nichts hörte, war ich mir sicher, dass er nicht nach Genf kommen würde. Somit war für mich klar, dass ich Servette verlassen und in meine Heimat zurückkehren würde. Ich einigte mich deshalb per Handschlag mit Racing-Präsident Jacky Kientz auf ein Engagement ab der kommenden Saison und war zunächst froh, dass ich meinen Aufenthalt im turbulenten Genf, das ohne Herrn Weiller nicht wieder in die Spur finden würde, schon bald beenden könnte.

Vierzehn Tage nach meiner mündlichen Zusage in Strasbourg meldete sich Weiller tatsächlich. Er wollte den Club völlig entgegen meiner Erwartungen nun doch übernehmen. Ich teilte ihm mit, dass ich geraume Zeit auf seine Rückmeldung gewartet hätte und es nach meinem Ermessen nicht mehr so aussah, als wäre ein Engagement noch realistisch. Ich erklärte ihm, dass ich mich bei Racing bereits moralisch verpflichtet hätte und ein Rücktritt von der Abmachung eigentlich nicht infrage käme. Herr Weiller versuchte natürlich, mich umzustimmen und bot mir auch finanziell mehr, als ich in Strasbourg verdienen konnte. Doch für mich gab es nach meiner mündlichen Zusage kein Zurück mehr. Er war sehr bestürzt, zeigte aber trotzdem Verständnis und akzeptierte meine Entscheidung.

So bleibt nur eine weitere verpasste Chance in meiner turbulenten Karriere. Ich zog Racing Strasbourg, das wohlgemerkt noch in der zweiten französischen Liga spielte, dem späteren Champions League und mehrfachem Deutschen

Meister Borussia Dortmund vor. Viele Leute, denen ich davon erzählte, schütteln noch heute den Kopf ob dieser Entscheidung – genauso wie ich selbst.

Zurück in der Meinau

Wie schon sehr oft in meiner Karriere haben mich zwischenmenschliche Sympathie und passioniertes Engagement eines Einzelnen dazu bewegt, wichtige Dinge nicht rational zu betrachten und mich entgegen jeglicher Vernunft für etwas zu entscheiden, was nicht die beste Option war. So geschehen auch bei meiner Rückkehr nach Strasbourg. Präsident Jacky Kientz besuchte mich in den letzten zwei Jahren regelmäßig zu Hause in Neuchâtel und wurde dabei nie müde, sich intensivst um mich zu bemühen. Ich entwickelte ein ausgezeichnetes Verhältnis zu ihm. Ohne seine Nachhaltigkeit wäre ich mit Sicherheit niemals zurück zu Racing gegangen, sondern hätte bei Borussia Dortmund unterschrieben.

Im Sommer 1991 hieß die neue Realität also Racing Strasbourg und zweite Liga. Neben Kientz spielte auch Raymond »Max« Hild, der den Trainerposten damals nach meinem Abgang 1980 übernommen hatte, eine wichtige Rolle im Club. Er war mittlerweile Sportdirektor und gleichzeitig ein ausgezeichneter Talentscout. Die Zusammenarbeit mit ihm und dem Präsidenten funktionierte wirklich sehr gut. Wir sprachen alle dieselbe Sprache und konnten einige vielversprechende junge Spieler zur neuen Saison verpflichten. Bereits während der Vorbereitung in Durbach, wo ich als Trainer stets meine Trainingslager abhielt, zeigte sich, dass wir mit den neuen Kräften auf einem sehr guten Weg waren.

Meine Frau und viele meiner Freunde prophezeiten mir von Anbeginn, dass ich in Strasbourg erneut enttäuscht werden würde. Allerdings nicht von den Fans: Ein derart hohes Zuschauerinteresse, das Racing zu dieser Zeit in der Meinau hatte, erlebte der Club seit seiner Gründung noch nicht. Nicht selten kamen über 30 000 Zuschauer ins Stadion, eine für die zweite Liga unglaubliche Zahl, und das zu einer Zeit, als der französische Fußball aktuell nicht durch Welt- und Europameistertitel verwöhnt war. Natürlich kamen die Leute auch ins Stadion, weil wir gleichzeitig erfolgreich waren. Im Gegensatz zur Vorsaison gewannen wir wieder auswärts und zu Hause wurden die Gegner reihenweise mit vielen, spektakulären Toren vom Platz gefegt. Die Folge war, dass wir gemeinsam mit Girondins Bordeaux die Liga klar dominierten und am Ende der Saison auf Platz zwei landeten. Das reichte allerdings nicht für den direkten Wiederaufstieg, wir mussten in die Relegation. Dort setzten wir uns schließlich durch und konnten ab sofort wieder für die erste Liga planen. Das Rückspiel in der Barrage gegen Rennes wurde von der Presse als das attraktivste TV-Spiel des Jahres gewählt. In Strasbourg (mit Leboeuf) und Bordeaux (mit Lizarazu und Dugarry) spielten übrigens zu der

Zeit drei zukünftige Weltmeister in der zweiten französischen Liga.

Ich hatte das Gefühl, wieder vollständig zu meinem Verein zurückgefunden zu haben. All das, was ich in der Vergangenheit oft vermisst hatte, funktionierte nun sehr gut. Man zog in der Führung an einem Strang, die Mannschaft hatte viel Qualität und war dazu auch noch erfolgreich. Das alles gepaart mit dem fantastischen Publikum sah ich als eine Riesenchance, Racing weiter nach vorn zu bringen und den Club mittelfristig wieder zu einem Titelaspiranten aufzubauen.

Im Jahr des Wiederaufstiegs veranstalteten wir in der Meinau ein Benefizspiel zugunsten der SOS Kinderdörfer in Rumänien. Ich war, was dieses Land anbelangte, seit meiner Reise mit Xamax nach Bukarest stark sensibilisiert. Ich habe während meiner langen Karriere viele Länder bereist, doch nirgends erschien mir die Not größer als in Rumänien. Der Erlös des Spiels sollte in den Bau einer Straße investiert werden, die den Kindern in dem Dorf Covaci im Winter Zugang zu ihrer Schule verschaffen sollte. Ich sensibilisierte von Beginn an alle involvierten Leute dahingehend, dass der Geldfluss nach Rumänien gestaffelt, vor allem aber überwacht über die Bühne gehen und jeder einzelne Francs, den wir erwirtschaften würden, dort ankommen müsse. Die schlechte Erfahrung mit dem »Benefizspiel« vor 20 Jahren in Paris, als für die Krebsstiftung kein

Geld übrig blieb, ließ mich in dieser Angelegenheit sehr wachsam bleiben.

Das Spiel selbst fand zwischen einer Legendenauswahl französischer Nationalspieler, unter anderem mit Platini, Giresse oder Rocheteau, und der Meistermannschaft von Racing Strasbourg statt, die von dem deutschen Klaus Allofs, Didier Six und dem Holländer Ruud Krol verstärkt wurde. Das Spiel ging 7:3 aus und wurde von 7500 Zuschauern in der Meinau live mitverfolgt. Die Solidarität und Großzügigkeit der Leute im Elsass war auch hier wieder spürbar. Wir erhielten viele Briefe mit Bargeld und Barschecks von Leuten, die nicht zum Spiel kommen konnten, aber unser Projekt trotzdem unterstützen wollten. Wir sammelten insgesamt fast eine dreiviertel Million französische Francs. Die Straße in Rumänien wurde gebaut und existiert heute noch. Das ist ein wunderbares Beispiel, wie man gemeinsam mit den Privilegien, die man aufgrund seines Berufsumfeldes genießt, der Gesellschaft etwas zurückgeben kann. Das Projekt lag mir sehr am Herzen und ich bin den Journalisten Thierry Rolland und Jacques Vendroux (übrigens ein Neffe von Charles de Gaulle), die damals eine tragende Rolle bei der ganzen Vorbereitung und Organisation gespielt haben, für ihren unglaublichen Einsatz ewig dankbar.

In der ersten Saison zurück in der höchsten Spielklasse spielten wir lange um den fünften Platz, wurden aber in der

Endabrechnung schließlich Achter. Allgemein würde man denken, ein achter Platz nach einem Aufstieg aus der zweiten Liga ist eine beachtliche Leistung, doch damit konnte und wollte ich mich im Gegensatz zu einigen anderen Leuten im Verein nicht zufriedengeben. Ein Platz im Mittelfeld war für mich nie befriedigend, ich habe immer nach mehr gestrebt und meine Ambitionen stets hochgehalten. Ich wollte in der Meisterschaft angreifen und nicht im Mittelfeld oder gar gegen den Abstieg spielen.

Ohne gezielte Mannschaftsverstärkungen und ohne höher gesteckte Ziele des Vereins hielt sich meine Lust in Grenzen, noch eine weitere Saison zu bleiben. Das war dem Umstand geschuldet, dass, wie schon so oft in der Vergangenheit, ein Präsident, namentlich Jacky Kientz, mit dem ich mich sehr gut verstanden hatte, leider gehen musste. Für mich persönlich eine Katastrophe. Ohne ihn war der Wiederaufbau von Racing in meinen Augen sehr fraglich.

Dazu kam, dass ich aus der Presse erfuhr, dass der Spieler José Cobos, ein Mann mit einer wichtigen Rolle in meinem Spielsystem, anscheinend zu Paris Saint-Germain transferiert wurde. Ich hielt das für einen Witz, sollte aber kurz darauf feststellen, dass ihn der Verein ohne jegliche Rücksprache mit mir verkauft hatte. Das war natürlich ein Vertrauensbruch, der seinesgleichen suchte und der jede potenzielle Weiterarbeit sehr schwierig gestaltete.

Ein anderes Beispiel für die Hilf- und Ambitionslosigkeit des Vereins war das Beispiel Laurent Blanc, später Welt- und Europameister mit Frankreich. Er wäre zu der Zeit zu haben gewesen, doch die Clubführung argumentierte, dass man, um Blanc verpflichten zu können, das Münster in Strasbourg verkaufen müsste. In der darauffolgenden Saison holte er mit Auxerre das Double. In Strasbourg hätte man den Anspruch haben müssen, mit Clubs wie Auxerre mindestens auf Augenhöhe zu sein – sportlich wie wirtschaftlich.

Die dritte Saison bestätigte die Unruhe und die Unprofessionalität, die inzwischen in Strasbourg herrschten, und machten mir klar, dass es bei Racing nie ohne diese Aufs und Abs laufen würde. Alles, was man sich hier aufbaute, wurde wenig später wieder rücksichtslos abgerissen. Kein Konzept, keine Kontinuität und keine Seriosität.

Ich habe in vielen Jahren als Spieler und Trainer unglaublich viel Herzblut in den Verein und meine Arbeit dort investiert, habe zu vollen Kassen und hoher Publikumsgunst beigetragen, ohne selbst, außer der unglaublich schönen Anerkennung der Elsässer, davon zu profitieren. Mir war es immer wichtiger, Spiele zu gewinnen und nicht, reich zu werden. Meine Liebe zum Club wurde oft ausgenutzt, ob vorsätzlich oder nicht, mag ich nicht in jedem Fall zu beurteilen. Meine Verträge in Strasbourg waren stets bescheiden dotiert, die Versprechungen dafür jeweils umso höher. Ich habe generell überall immer mehr gegeben, als ich bekommen habe. Natürlich war und bin ich letztlich selbst schuld an diesem Zustand. Meine Naivität und meine Passion für Racing haben mich oft die sich vielleicht schon früh abzeichnende Realität nicht erkennen lassen und mich zu irrationalen Fehlentscheiden bewogen. Das sollte mir nicht mehr passieren, zumindest nicht mehr in Strasbourg, so dachte ich damals.

Da wusste ich noch nicht, dass ich 2009 noch einmal denselben Fehler machen würde. Leonard Specht, einer meiner ehemaligen Spieler bei Racing, war mittlerweile Präsident und wir fanden irgendwie zusammen. Wie immer stimmten die Perspektiven auf dem Papier, meine schlechten Erfahrungen aus der Vergangenheit hatte ich – wie auch früher schon – ausgeblendet. Ich übernahm also noch einmal eine Racing-Mannschaft aus der zweiten Liga und wurde nach nur einem Meisterschaftsspiel entlassen.

Ich hatte mich zwischenzeitlich mit einem der Mehrheitsaktionäre angelegt, der veranlasste daraufhin einen Spieler, der den Club verlassen hatte, mich öffentlich zu kritisieren und mich damit im Club und in der Öffentlichkeit in Misskredit zu bringen. Das ist ihm gelungen, mein Schlagabtausch mit dem Geldgeber, der von Beginn an gegen meine Verpflichtung war, ließ auch Léonard Specht Abstand von mir nehmen.

Es kam, wie es kommen musste, nach nur knapp 60 Tagen im Amt war das Abenteuer, oder bezeichnen wir es eher

Bild 53 (oben): An der Seitenlinie 1982.
Bild 54 (unten): Mit Günter Netzer nach der UEFA Pokal-Auslosung 1982. Netzer hatte bei der Ankunft vor dem Spiel in Hamburg sogleich eine Überraschung parat.

Bild 55 (oben): Mein Mitglieder-Ausweis meines Gilbert Gress Supporter Club.
Bild 56 (unten): Mannschaft von Neuchâtel Xamax 1989/1990.

Bild 57 *(oben): Mit Uli Stielike, Don Givens und Carsten Nielsen. Drei Persönlichkeiten, die eine überragende Mannschaft geführt haben.*
Bild 58 *(unten): Portrait aus den Achtzigerjahren.*

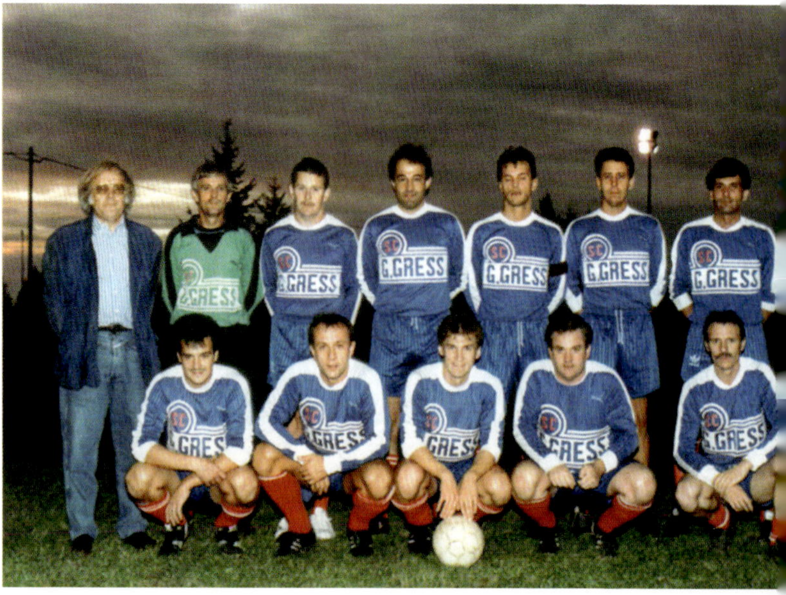
SC
G.GRESS

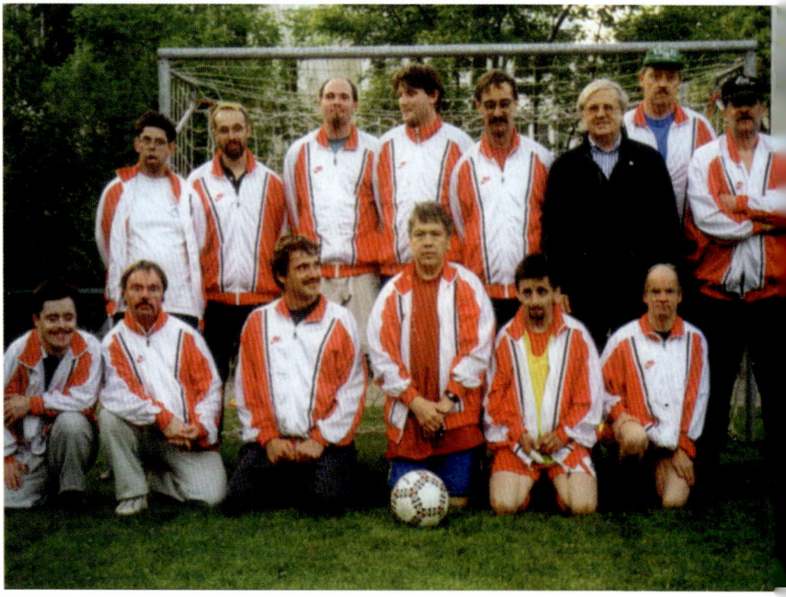

Bild 61 *(oben links)*: Meine Enkelkinder Capucine, Robin und Victoria.
Bild 62 *(oben rechts)*: Meine Enkeltochter Lisa.
Bild 63 *(unten)*: Mit Sepp Blatter und Köbi Kuhn beim Sepp Blatter-Turnier.

Bild 59 *(linke Seite oben)*: Mit dem Gilbert Gress Supporter Club aus Strasbourg.
Bild 60 *(linke Seite unten)*: Im Jahr 2000 übernahm ich die Schirmherrschaft beim FC Traktor.

Bild 64 (oben): »Der Match« war für alle Beteiligten kein Erholungscamp – auch nicht für Michael Schumacher. Michael hatte trotz seines Superstar-Status keinerlei Staralllüren – ein tolle Persönlichkeit.

Bild 65 (links): Baschi und ich sind sehr gegensätzlich – aber wir verstehen uns bestens.

Bild 66: Mit meinem Kollegen und guten Freund Rainer Salzgeber. Rainer und ich streiten uns nie um Bälle, sondern spielen sie hin und her.

Bild 67 *(oben): Seit Jahren engagiere ich mich u. a. zusammen mit Günter Netzer und Franz Beckenbauer am Sepp Blatter Fußballturnier.*
Bild 68 *(unten links): War dabei beim Wunder von Aarau: Gürkan Sermeter.*
Bild 69 *(unten rechts): Mit Günter Netzer kam ich damals wie heute blendend aus. Rechts: Jean-Paul Brigger.*

als Albtraum, schon wieder vorbei. Specht selbst trat nur ein paar Tage später von seinem Präsidentenamt zurück. Wenig später stieg der Club in die dritte Liga, anschließend sogar in die fünfte Liga ab. Schlimmer geht es nicht und es ist bis heute keine Besserung in Sicht.

Die Nati

1997, ich war noch Trainer bei Neuchâtel Xamax, rief mich Hansruedi Hasler, der damalige technische Direktor des SFV, in Strasbourg an und fragte mich, ob ich mir vorstellen könnte, die Schweizer Fußballnationalmannschaft zu übernehmen. Eine Landesauswahl zu trainieren unterschied sich sehr von dem Traineralltagsjob, den ich bisher kannte und würde eine tolle Erfahrung für mich werden.

Die Nationalmannschaft war nach der WM-Qualifikation 1994 und den anschließenden guten Auftritten in der Endrunde in den USA mittlerweile wieder auf dem Boden der Tatsachen gelandet. Man hatte sich zwar noch für die Europameisterschaft 1996 in England qualifiziert, dort aber nicht überzeugen können.

Die Weltmeisterschaft 1998 in Frankreich fand dann schließlich ohne Schweizer Beteiligung statt. Obwohl man sehr talentierte Spieler wie Yakin, Sforza, Chapuisat oder Türkyilmaz in seinen Reihen hatte, konnte man die zweifellos vorhandene Qualität nach dem Abgang von Trainer Roy Hodgson 1996 nicht mehr in zählbare Erfolge ummünzen. Die Schweizer Nati wieder in die Spur zu bringen und zur EM-Endrunde 2000 in Belgien und den Niederlanden zu führen, war eine große, aber sehr reizvolle Herausforderung. Natürlich war ich interessiert, die Landesauswahl zu trainieren.

Die Delegierten Marcel Mathier und Eugen Mätzler besuchten mich kurz darauf in Strasbourg, um über eine potenzielle Zusammenarbeit zu sprechen. Wir vereinbarten vorher, dass ich die beiden an der Kehlener Brücke abholen und dann gemeinsam mit ihnen zu mir nach Hause fahren würde.

Zu Hause angekommen, fand ich meine Frau aufgelöst und weinend im Wohnzimmer. Sie teilte mir still mit, dass sie gerade erfahren habe, dass ihr Vater, der vor längerer Zeit schwer erkrankt war, soeben verstorben sei. Dieses Ereignis zu genau diesem Zeitpunkt zeigt, wie schnell Glück in Trauer und Tragik umschlagen kann. Es war natürlich eine unglaublich schwierige Situation, in der wir nichts privat besprechen und betrauern konnten, da wir ja Besuch von den Herren des SFV hatten.

Ich setzte mich schließlich, sehr betrübt über den Tod meines Schwiegervaters, mit den Herren vom Verband zusammen, um über den Job des Nationaltrainers zu sprechen. Was ich hörte, gefiel mir trotzdem gut, schließlich empfand ich die Aufgabe schon beim ersten Telefongespräch mit Hansruedi Hasler als sehr reizvoll. Wir einigten uns schnell einig auf einen Vertrag bis nach Ende der Qualifikation für die EM 2000. Ich war zwar noch an Xamax gebunden, die

Auflösung dieses Vertrags sollte dann aber glücklicherweise kein großes Problem darstellen.

Abends aßen wir gemeinsam bei uns zu Hause. Als ich die beiden Herren fragte, was sie gern trinken möchten, antwortete Herr Mathier mit einem kleinen Augenzwinkern, er würde sehr gern Wein trinken, und zwar einen weißen Burgunder Chassagne-Montrachet, den wir aber sicherlich nicht dahätten. Er staunte nicht schlecht, als meine Frau entgegnete: »Der steht bei uns im Kühlschrank.« Wir verbrachten anschließend noch einige Stunden zusammen und sprachen über dieses und jenes. Ich freute mich auf die Aufgabe, die mir bevorstand.

Nationaltrainer zu sein unterscheidet sich in einigen Dingen beträchtlich von einem Vereinsengagement. Ein sehr positiver Aspekt vorweg: Man kann auf einen großen Pool mit guten Leuten zugreifen und die Spieler selbst können nirgendwo anders hinwechseln. Stimmt die Leistung, dann kann man mit den Nationalspielern folglich sehr langfristig planen. Allerdings hat man wenig Zeit mit der Mannschaft, schlechte Resultate lassen sich fast nicht korrigieren und gemessen wird man stets an einer Qualifikation für eine Europa- oder Weltmeisterschaft. In dieser Kombination liegt auf der einen Seite der große Reiz der Herausforderung, auf der anderen entsteht dadurch aber auch ein beträchtlicher Druck. Erreicht man eine Endrunde nicht, ist die Ernüchterung allgemein groß und ein Weitermachen wird dann oft schwierig. Es war also klar, dass mein persönliches Ziel nur dasselbe sein konnte wie jenes des Verbandes: Die Qualifikation zur Europameisterschaftsendrunde in Belgien und den Niederlanden.

Ich verstand mich mit der Mannschaft auf Anhieb sehr gut und wir starteten topmotiviert und sehr seriös in die Vorbereitung zu den ersten Qualifikationsspielen. In unserer Gruppe waren die Italiener, gegen die die Schweiz historisch betrachtet immer sehr gut ausgesehen hatte, der klare Favorit. Platz zwei war im Hinblick auf die übrigen Teams in der Gruppe aber ein realistisches Minimalziel. Dänemark war nach dem überraschenden Titelgewinn bei der Euro 1992 nicht mehr auf demselben Niveau und nominell höchstens gleich stark wie wir. Gegen Wales und Weißrussland galt es, eine möglichst maximale Punkteausbeute zu holen, andernfalls würde die Qualifikation sehr schwierig werden.

Das erste Spiel gegen Italien war ein Gradmesser. Sollten wir dieses einigermaßen erfolgreich gestalten, gäbe das Rückenwind für die weiteren Quali-Spiele. Entsprechend konzentriert wollten wir zu Werke gehen und gleichzeitig den Italienern auch eins auswischen. Der Auftakt gelang aber entgegen unserer Hoffnung nicht, wir machten das wohl schlechteste Spiel während dieser Kampagne und verloren mit 0:2.

Man sucht für sich und manchmal auch für andere gern mal eine kleine Ausrede, wenn man ein vorgegebenes Ziel nicht erreicht und lamentiert in solchen Fällen oft, dass man viel Pech gehabt hätte. In unserem Fall kann ich das aber schlichtweg nicht anders begründen. Unglaublich viele unglückliche Faktoren, die so normalerweise nie zusammen zum Tragen kommen, haben uns die Aufgabe in der gesamten Qualifikationsphase noch viel schwerer gemacht, als sie es sowieso schon war. Stéphane Henchoz durfte bei der kapitalen Partie gegen Dänemark nicht mitspielen, weil der FC Liverpool, bei dem er damals unter Vertrag stand, gegen seinen Einsatz ein Veto einlegte und mit Konsequenzen drohte.

Henchoz kam nach einer langen Verletzungspause zurück, trainierte aber gut und, was am wichtigsten war, schmerzfrei. Gérard Houllier vom FC Liverpool stemmte sich mit aller Macht gegen einen Einsatz von Henchoz in der Nationalmannschaft. Wir hatten ein paar Wochen vor dem Spiel schon einmal telefoniert und Houllier behauptete, ich hätte ihm versprochen, ich würde auf Henchoz verzichten und ihn nach England zurückschicken. Das war kompletter Blödsinn, was ich ihm auch gleich entgegnete. Ich sagte damals, der behandelnde Arzt würde dies entscheiden und nicht ich. Der Arzt gab schnell grünes Licht und hielt einen Einsatz von Henchoz für unbedenklich. Aus medizinischer Sicht war er kerngesund und hatte auch schon ein paar Spiele mit der Reserve von Liverpool gemacht. Trotzdem mussten wir den »Wunsch« der Reds allein schon zum Schutz des

Spielers, der unter Umständen danach sehr in Misskredit bei seinem Club geraten wäre, letztlich respektieren. Houlliers Verhalten war aber komplett daneben, das hätte man anders lösen können und müssen.

Das Scheitern nur auf das Fehlen von Henchoz oder eines anderen Spielers zu schieben, wäre sicherlich falsch und viel zu einfach. Solche Dinge passieren immer wieder einmal, im Sport wird im Hintergrund leider auch viel Politik betrieben. Das war aber nicht die einzige unglückliche Komponente und eigentlich von allen noch fast die harmloseste. Wir waren die einzige Mannschaft in unserer Gruppe, die zu Hause nicht verloren hatte. Zudem siegten wir zwei Mal auswärts und kassierten gerade einmal fünf Gegentore, genauso wenig wie Italien. Chapuisat hatte gegen Italien zwei hochkarätige Chancen, machte aber kein Tor. Gegen die Dänen kassierten wir in der letzten Minute noch einen unnötigen Gegentreffer. Wir hatten nur einen einzigen Punkt Rückstand auf das erstplatzierte Italien.

Hinzu kam, dass es bei den Partien zwischen unseren Mitbewerbern nicht gut für uns lief: Italien führte im letzten Spiel zu Hause gegen Dänemark mit 2:0 und die Dänen spielten nur noch zu zehnt. Die Italiener kassierten ebenfalls noch eine rote Karte und verloren am Ende dramatisch mit 2:3. Wie grausam eine Statistik sein kann, zeigte sich an unserem Beispiel. Letztlich waren wir mit 14 Zählern punktgleich mit Dänemark und hatten auch die bessere Tordifferenz. Die bei Punktgleichheit relevanten Direktbegegnungen sprachen aber für die Dänen, da wir im Hinspiel zu Hause nur 1:1 spielten und in Dänemark mit 1:2 verloren. Nicht erst in der Situation dachte ich über Sinn oder Unsinn dieser Regel nach, weil danach Mannschaften in einem Wettbewerb weiterkommen können, die nicht unbedingt besser waren, als diejenigen, die einen Platz weiter hinten sind. Schlussendlich ist man wohl immer dann mit dieser Art Regelung im Einklang, wenn man damit nicht wie wir in diesem Fall auf der Strecke bleibt.

Trotzdem ist diese Regelung meiner Meinung nach suboptimal. Hier ein fiktives Beispiel: Innerhalb einer Gruppe aus fünf oder sechs Mannschaften spielen zwei Teams um Platz 1, Team A spielt gegen Team B zu Hause 0:0 und auswärts 1:1. Am Ende sind beide Mannschaften punktgleich, aber Team B hat eine um 10 Tore bessere Tordifferenz. Team A kommt demnach weiter, weil es in der Direktbegegnung ein Auswärtstor mehr geschossen hat. Das ist in meinen Augen nicht fair. Viel logischer wäre es doch, wenn tabellarisch, sprich nach Punkten und Tordifferenz gewertet und erst bei identischer Tordifferenz die Direktbegegnung hinzugezogen werden würde. Bei einer Weltmeisterschaft wird dies übrigens auch so gehandhabt, nicht aber bei einer Euro-Qualifikation wie bei uns damals mit der Schweizer Nationalmannschaft.

Der Verband sprach mir trotz des letztlich verpassten Ziels das Vertrauen aus. Ich konnte mir und vor allem auch der Mannschaft bis auf die eine oder andere Situation im ersten Spiel gegen Italien eigentlich nicht allzu viel vorwerfen. Die Lage war also nicht ungemütlich, man wollte beim SFV, dass ich meinen Vertrag verlängere. Es kam aber trotzdem nicht dazu und entgegen anders lautender Gerüchte hatte dies keinerlei finanzielle Gründe und schon gar keine verhandlungstaktischen. Eugen Mätzler und ich unterhielten uns im Vorfeld schon mal dazu und waren uns bis auf einige kleine Details so weit einig, dass wir weiter zusammenarbeiten möchten. Als wir uns dann zusammen mit Herrn Mathier zu einem weiteren Gespräch um 9.00 Uhr in Muri treffen sollten, übte er vorab Druck aus, indem er mir sagte, dass sie um 10.00 Uhr am selben Morgen zur Generalversammlung müssten und dort final mitteilen wollten, ob und wie es mit mir weitergeht. Mir war das zu kurzfristig. Natürlich waren wir uns im Grunde genommen einig, aber ich wollte das Ganze nicht übereilen und mich nicht so unter Druck setzen lassen. Eine Stunde schien mir für eine Zukunftsplanung für und mit der Nationalmannschaft einfach als nicht ausreichend. Ich wollte Herrn Mathier am Abend zuvor mitteilen, dass ich die Zeit als zu kurz betrachte und einen Alternativvorschlag unterbreiten, habe ihn aber leider nicht erreicht. Ich erschien schließlich nicht zu dem Meeting.

So blöd, wie das heute klingt, war es tatsächlich auch – ich hätte auf jeden Fall zu dieser Besprechung gehen sollen.

Im Nachhinein betrachtet gab es keinen Grund, eine Fortsetzung meiner Trainerkarriere bei der Schweizer Nationalmannschaft zu gefährden. Mein Verhältnis zu den Verantwortlichen beim SFV war zuvor wie danach einwandfrei und ich hatte eine gute Mannschaft mit durchaus vielversprechender Zukunftsperspektive hinterlassen.

Meine Uneinsichtigkeit stand mir damals irgendwie im Weg, ich hätte mit einer sofortigen Einigung nichts falsch machen können. Ich selbst kann mein damaliges Verhalten heute am wenigsten nachvollziehen und betrachte das selbstkritisch als einen der größten Fehler in meiner Karriere.

Endlich Cupsieger

Im April 2000 rief mich der damalige Präsident Sven Hotz vom FC Zürich an und fragte, ob ich Interesse hätte, nach Zürich zu kommen. Der FCZ befand sich in einer sportlich schwierigen Situation und kämpfte in der damals noch existierenden Abstiegsrunde gegen den Absturz in die Zweitklassigkeit. Wir trafen uns kurz nach unserem Telefonat und wie so oft, wenn ich mit einem Club verhandelte, entschied ich mich relativ rasch, respektive hörte auf mein Bauchgefühl und unterschrieb bei den Stadtzürchern.

Es gab zwei große Prioritäten bei meinem Amtsantritt. Zum einen musste unbedingt die Klasse gehalten und ein erneuter Abstieg in die zweite Liga analog 1988 vermieden werden. Auf der anderen Seite stand die Mannschaft bereits im Cup-Halbfinale gegen den FC Luzern. Die Chance auf einen Titel nach fast 20 erfolglosen Jahren weckte auf allen Seiten entsprechende Begehrlichkeiten – natürlich auch bei mir.

In der Liga schafften wir dann den Klassenerhalt ohne Probleme. Wir verloren gerade einmal eine Partie und beendeten die Spielzeit auf Platz 3 in der Auf- beziehungsweise Abstiegsrundentabelle. Damit verblieben wir in der höchsten Schweizer Spielklasse.

Im Halbfinale des Schweizer Cups traf ich mit der Mannschaft im heimischen Letzigrund-Stadion auf meinen Freund Andy Egli und den FC Luzern. Der erste Teil der Partie war ausgeglichen, die Mannschaften gingen beim Stand von 2:2 in die Verlängerung. Die Nachspielzeit avancierte zu einem wahren Torfestival. Wir schossen in 30 Minuten fünf Tore und siegten am Ende sensationell und überdeutlich mit 7:2. Nach endlos langen Jahren stand der FC Zürich wieder in einem Cupfinale und hatte endlich wieder die Möglichkeit, einen wichtigen Titel zu holen. Eine Hand hatten wir bereits am Pott, nun wollten wir ihn uns natürlich auch unbedingt holen. Ich hatte es mit Xamax nie geschafft, den Cup-Wettbewerb zu gewinnen – höher konnte also auch meine persönliche Motivation nicht mehr sein.

Für Präsident Sven Hotz war das Cupfinale eine überaus wichtige Angelegenheit. Er war bereits seit fast eineinhalb Jahrzehnten an der Spitze des Stadt-Clubs und gewann in dieser Zeit keinen einzigen Titel. Das Finale in Bern war also auch für ihn persönlich eine sehr wichtige Angelegenheit. Unser Gegner im Endspiel wurde zwischen dem FC Lugano und Lausanne-Sport ermittelt. Das Spiel, das in Lausanne stattfand, wollte ich natürlich vor Ort sehen, um die beiden potenziellen Endspielgegner zu beobachten. Ich sah ein glänzend aufgelegtes Lausanne, das auch in der Liga schon sehr guten Fußball gespielt und die Saison verdientermaßen auf Rang 3 beendet hatte. Bis zur 70. Minute führte die Mannschaft von Trainer Pierre-André Schürmann folgerichtig mit 3:0, ehe sich nach und nach konditionelle Mängel offenbarten. In den letzten 20 Minuten kamen die Hausherren gewaltig unter Druck, kassierten in der Folge zwei Tore und vergaben damit beinahe noch den sicher geglaubten Sieg. Aufgrund dieser Erkenntnisse legte ich mir die Taktik für das Finale zurecht und sollte damit nicht schlecht fahren.

Im Finale in Bern waren wir gegenüber Lausanne der klare Außenseiter. Die Westschweizer waren im Cup seit nunmehr drei Jahren ungeschlagen und das bessere Team. Wir gerieten in der ersten Halbzeit mit 0:1 in Rückstand, was mich aber nicht wirklich nervös werden ließ. Ich wusste, dass wir das in der zweiten Hälfte ohne Weiteres wieder wettmachen könnten und auch würden. Nach meiner Einschätzung und der Erkenntnis aus meiner Spielbeobachtung würde Lausanne gegen Schluss die Puste ausgehen, das mussten wir versuchen auszunutzen. Ich hatte für das Spiel extra Topkräfte geschont, die ich dann in der zweiten Hälfte bringen wollte und die gegen Ende der Partie den Unterschied ausmachen sollten.

Mit Chassot, Douglas und Kavelashvili wechselte ich drei Spieler ein, die später allesamt mit für die Entscheidung sorgen würden. Chassot seinerseits gab die Vorlage zum wichtigen 1:1 durch Barthlett, das uns in die Verlängerung brachte. Dort gingen wir dann zuerst in Führung, mussten aber den Ausgleich doch noch hinnehmen, nachdem wir eine große Chance auf das 3:1 ausgelassen hatten. Das Verdikt lautete schließlich Elfmeterschießen. Kavelashvili verwandelte den entscheidenden Penalty, nachdem Pascolo zuvor zwei Schüsse pariert hatte und Urs Fischer respektive Philippe Douglas ihre Elfmeter verwandelten. Wir hatten es geschafft und holten nach fast 20 erfolglosen Jahren wieder einen Titel nach Zürich – den ersten unter Präsident Sven Hotz' Führung.

Nach dem Sieg und der Pokalübergabe galt es, einen geeigneten Ort für die Feier zu finden, da im Vorfeld nichts vorbereitet wurde. Urs Schönenberger fiel ein, dass ein Freund von ihm eine Pizzeria betrieb und rief diesen an, um ihm mitzuteilen, dass wir bei ihm feiern möchten. Wir saßen bereits alle im Bus, das musste also klappen, die Mannschaft war hungrig und in Feierstimmung. Sein Freund entgegnete, dass er ein fast volles Haus hätte, woraufhin Schönenberger entgegnete: »Wirf die Leute raus und mach Platz, wir sind unterwegs.«

Als wir im Restaurant ankamen, setze ich mich mit meiner Frau, Sven Hotz und seiner Gemahlin an einen Tisch, dort saßen dann unter anderem auch noch seine Tochter mit Ehemann und einige andere Verwandte. Ich wartete den ganzen Abend darauf, dass der Präsident ein paar Worte an seine Belegschaft richten würde. Das ist bei einer Teamfeier allgemein üblich und demonstriert Wertschätzung gegenüber Mannschaft und Staff. Zudem drückt das meist viel Emotionalität aus, die Hotz nach seinem allerersten Titel eigentlich verspürt haben müsste. Ich denke, er hat sich innerlich wirklich gefreut, konnte es aber einfach nicht zeigen.

Es ist in meinen Augen überaus wichtig, dass man solche seltenen Momente gemeinsam feiert und all denjenigen, die zum Erfolg beigetragen haben, auch einen Dank und eine Gratulation ausspricht. Gilbert Facchinetti bei Xamax war in solchen Dingen sehr gut, er ließ oft sein Herz sprechen und verdrückte dabei schon mal die eine oder andere Träne. So unterscheiden sich aber nun mal die Charaktere, jeder muss seinen Weg finden, Erfolge zu feiern oder auch Niederlagen zu verdauen. Ich finde es aber immer eine schöne Geste, wenn man allen Leuten, die zu so einem Erfolg beitragen, seinen Dank ausspricht.

Ich hatte seit meiner Zeit in Marseille oft Kontakt mit meinem Freund und ehemaligen Teamkollegen Didier Couécou, mit dem ich bei Olympique Marseille zwei sehr erfolgreiche Jahre verbrachte und drei Titel gewann. Das hatte sich auch während meiner Tätigkeit beim FC Zürich nicht geändert. Er war mittlerweile Sportdirektor beim Ligue 1-Verein FC Toulouse und wollte mich als Trainer zu seinem Club holen. Zuvor war Couécou einige Jahre unter anderem bei Girondins Bordeaux und wollte mich damals schon verpflichten. Ich blieb aber wieder einmal in Strasbourg, woraufhin Aimé Jaquet übernahm und große Erfolge mit dem Verein feierte. Wir tauschten uns also über eine potenzielle Zusammenarbeit in Toulouse aus, dazu kam er nach Zürich und ich fuhr im Gegenzug auch einmal nach Frankreich.

Das Stadion und das Umfeld in Toulouse machten einen guten Eindruck, die Mannschaft hatte aber in der Meisterschaft gegen den Abstieg gekämpft. Nach einem Gespräch mit dem Präsidenten hatte ich zudem nicht das allerbeste Gefühl. Er wirkte auf mich farblos, irgendwie spürte ich ihn respektive seine Ambitionen und seine Emotionen für den Club nicht. Trotzdem verblieben wir schließlich so, dass ich in Zürich um meine Freigabe bitten und mich wieder melden würde. Mein Freund Couécou gab den Ausschlag, dass ich meinem Bauchgefühl nicht traute. Mit Didier zu arbeiten und gemeinsam mit ihm etwas aufzubauen, reizte mich einfach.

Als ich meiner Frau davon erzählte, meinte sie, ich solle auf keinen Fall da hingehen, wenn ich beim Präsidenten kein gutes Gefühl hätte. Ich sagte ihr aber, dass wir uns schon per Handschlag darauf geeinigt hätten, dass ich im Falle einer Freigabe durch den FC Zürich nach Toulouse wechseln würde. Ich will nichts vorwegnehmen, aber meine Frau hatte wieder einmal recht.

Zurück in Zürich suchte ich das Gespräch mit Präsident Sven Hotz. Wir diskutierten ungefähr zwei Stunden und Hotz stimmte einer Vertragsauflösung schließlich zu. Ich beschloss, die Neuigkeiten am nächsten Tag den Verantwortlichen in Toulouse mitzuteilen.

Am anderen Morgen klingelte das Telefon – am Ende der Leitung war eine Freundin meiner Frau. Diese fragte, ob ich heute schon die Zeitung gelesen hätte. Der FC Toulouse wurde wegen finanzieller Probleme und Lizenzverstöße von der ersten in die dritte Liga zwangsrelegiert. Da stand ich nun: Toulouse spielte die nächste Saison bei den Amateuren, mein Vertrag in Zürich war aufgelöst und wir hatten beinahe schon Juli.

Die ganze Situation war natürlich auch wirtschaftlich gesehen ein Verlust für mich. Zu einem Drittligisten würde ich logischerweise nicht wechseln, das finanzielle Angebot von Toulouse hatte sich mit dem Zwangsabstieg erledigt. Zudem war mein Vertrag mit dem FC Zürich in beidseitigem Einverständnis per sofort aufgelöst. Ich hatte nun plötzlich von heute auf morgen keinen Job mehr.

Das erste Mal in meiner gesamten Karriere war ich somit arbeitslos. Ein Gefühl, das mir überhaupt nicht behagte.

Abenteuer Sion

Im Sommer 2004 war ich mit dem Auto auf der Autobahn von Strasbourg nach Neuchâtel unterwegs, als das Telefon klingelte. Am anderen Ende war Fredy Chassot, ein ehemaliger Spieler, der früher unter mir in Neuchâtel und dem FC Zürich gespielt hatte. Er fragte mich ohne langes Vorgeplänkel, ob ich mir vorstellen könnte, als Trainer zum FC Sion zu kommen. Ich war spontan nicht abgeneigt, brauchte aber natürlich mehr Informationen, um mir ein Bild von der Gesamtsituation machen zu können. Er bat mich, am nächsten Tag zu einem Gespräch mit dem Präsidenten nach Bellinzona zu kommen, wo die Walliser eine Auswärtspartie zu bestreiten hatten, die ich mir ansehen sollte. Wir würden uns dann anschließend im Mannschaftshotel treffen.

Als ich mich am nächsten Tag zur besagten Uhrzeit im Hotel in Bellinzona einfand, empfing mich der Präsident mit einiger Verspätung. Ich kannte ihn gut, er war während meiner ersten Trainerstation in Neuchâtel drei Monate lang als Torwart im Probetraining. Er blieb und ich ging 1977 nach Strasbourg zurück. Er erläuterte mir nun die aktuelle Situation, die seiner Meinung nach raschen Handlungsbedarf erforderte. Der Club lief Gefahr, in der ungeliebten

Challenge League, in der er sich seit einem Jahr befand, aufgrund schlechter Resultate und Leistungen komplett in die Bedeutungslosigkeit abzurutschen. Das durfte nicht passieren, da der FC Sion den Anspruch hatte, ein Super League-Club zu sein und es demnach das einzig klare Ziel war, schnellstmöglich wieder ins Oberhaus aufzusteigen.

Ursprünglich wurde der Verein vor seinem Fall in die zweite Liga wegen Lizenzverstößen gar in die Drittklassigkeit der 1. Liga verbannt. Der Präsident klagte allerdings erfolgreich gegen den Richterspruch und erreichte damit, dass der Club wenigstens in der zweithöchsten Liga der Schweiz spielen durfte. Dazu wurde die Nationalliga B extra von 16 auf 17 Teams aufgestockt. Wegen des langatmigen Gerichtsverfahrens konnte Sion erst mit dreimonatiger Verspätung in die Meisterschaft starten und durch den großen Punkterückstand letztlich nicht um den Aufstieg mitspielen.

Es gab also viel zu tun. Aber bevor ich in Erwägung ziehen würde, über eine Zusammenarbeit ernsthaft nachzudenken, musste ich mir ein Bild von der Mannschaft respektive ihrem aktuellen Niveau und Formstand machen.

Ich sah mir also das Spiel in Bellinzona an, das Sion mit einer sehr schwachen Leistung 1:2 verlor. Zudem gab es den zweiten Platzverweis im zweiten Spiel, man hatte somit mehr rote Karten als Punkte auf dem Konto. So wie diese Mannschaft spielte, würde sie ohne Zweifel Probleme haben, in der Challenge League mitzuhalten. Auf der Rückfahrt ins Hotel unterhielt ich mich mit dem Präsidenten im Auto darüber und wir einigten uns nach ungefähr zwanzig Minuten auf eine Zusammenarbeit.

Kurz darauf begann ich meine Arbeit als Trainer beim FC Sion. Ich hatte die ersten sechs Wochen nach der Winterpause keinen einzigen Tag frei. Da im Wallis zwischen Anfang Januar und Ende Februar in der Regel sehr viel Schnee liegt, musste ich an den freien Sonntagen, oft auch gemeinsam mit dem Präsidenten oder meinem damaligen Co-Trainer Christian Zermatten, irgendwo einen Trainingsplatz finden, auf dem kein Schnee lag und auf dem in der Folgewoche trainiert werden konnte.

Viele Tage begannen morgens um 8.00 Uhr und dauerten nicht selten bis bis ein oder halb zwei Uhr morgens. Repräsentativ für viele lange Tage war der folgende Ablauf: Ich ging morgens aus dem Haus und fuhr nach Martigny in mein Büro, dort bereitete ich das Morgentraining vor, das um 10.00 Uhr begann. Nach der ersten Übungseinheit traf ich über Mittag Fredy Chassot, der vorher unseren nächsten Gegner beobachtet hatte, um mit ihm über eine Stunde darüber zu sprechen. Nach einem kurzen Kaffee ging es dann wieder zurück in mein Büro, um das Nachmittagstraining zu planen, das um 14.30 Uhr angesetzt war. Nach einer kurzen Dusche ging es gegen 16.30 Uhr dann weiter nach Wohlen (ca. 500 km), um am Abend das Spiel zwischen Wohlen und Wil zu sehen.

An einem anderen Sonntag, als wegen viel Schnee nur zwei Spiele in der Challenge League stattfinden konnten – eins im Tessin und eins in Yverdon (gegen La Chaux-De-Fonds) – hatte ich mir mit Christian Zermatten vorgenommen, das Spiel in Yverdon zu beobachten. Wir erfuhren einen Tag zuvor nebenbei, dass in Grandson ein Testspiel gegen Bulle stattfinden sollte. Wir fuhren gegen 9.30 Uhr in Sion ab und trafen kurz vor Mittag bei klirrender Kälte in Grandson ein, wo neben uns beiden lediglich eine junge Frau, wohl die Freundin eines Spielers, zuschaute. Nach der Partie fuhren wir direkt weiter ins benachbarte Yverdon, um den Anpfiff um 15.30 Uhr nicht zu verpassen. Anschließend erwartete uns wiederum eine lange und mühselige Rückfahrt ins Wallis. Und das Ganze wohlgemerkt an einem für uns eigentlich spielfreien Sonntag.

Der ganze Aufwand war natürlich absolut notwendig und auch selbstverständlich. Ohne harte Arbeit kann man keinen Erfolg haben und ein Trainer muss das Maximum dafür tun, damit sein Club und seine Mannschaft erfolgreich sind. Dazu gehört in besonderem Maße ein akkurates Studium des nächsten Gegners – egal ob dieser vor der Haustür oder am anderen Ende der Schweiz spielt. Die relativ unzugängliche Lage in Sion fordert natürlich sehr viel mehr Zeit zum Reisen als zentrale Lagen wie Zürich, Bern oder Luzern. Gemeinsam mit meinem Assistenten Christian Zermatten, der diese Strapazen gleichermaßen auf sich nahm, verbrachte ich unzählige Stunden im Auto und auf Tribünen von Challenge League-Clubs weit weg vom Wallis.

Die harte Arbeit zahlte sich aber schließlich auch aus. Von 18 Meisterschaftsspielen unter meiner Regie haben wir nur eine einzige Partie verloren. Eine wahrlich ansehnliche Bilanz, die nur mit viel Engagement zu bewerkstelligen war.

Trotzdem wurden im Club plötzlich Stimmen laut, dass ich mich nicht genug anstrengen und das Training für private Angelegenheiten gern mal dem Co-Trainer überlassen würde. Darauf möchte ich gar nicht näher eingehen. Wer mich kennt, der weiß, dass es so etwas generell bei mir nicht gibt. Natürlich gibt es Trainerkollegen, die oft – auch aus legitimen Gründen – gern mal auf solche Maßnahmen setzen. Ich zähle mich aber ganz klar nicht zu diesen Leuten und betrachte das tägliche Training und die gemeinsame Arbeit als eine generell unantastbare Institution.

Nach einem Spiel gegen Concordia Basel, einer wirklich guten Mannschaft, stand am Ende ein verdientes 1:1 unentschieden auf dem Matchblatt. Wir hatten gut gespielt, für einen Sieg hatte es aber aufgrund eines wirklich starken Gegners dann am Ende nicht gereicht. Das war unwissentlich mein letztes Spiel mit dem FC Sion. Wenig später entwickelten sich Umstände, mit denen ich nicht einverstanden sein konnte, und die schließlich zum Zerwürfnis und der Trennung nach 20 Spielen, nur ein paar Wochen vor dem Saisonende, führten. Ich bin fast sicher, dass ich den Club in dieser Saison wieder in die Super League geführt hätte. So freute sich der FC Vaduz über den Aufstieg. Sion schaffte erst nach Abschluss der Saison 2005/2006 die Rückkehr in die oberste Spielklasse.

Das Wunder von Aarau

Ruedi Nägeli, mein langjähriger Co-Trainer bei Xamax, rief mich im April 2007 an. Er stand mit dem ehemaligen Xamax-Spieler Silvano Bianchi, der nun Konditionstrainer beim FC Aarau war, in gutem Kontakt. Nägele berichtete mir, dass Bianchi ihn darum gebeten hatte, mich anzurufen und zu fragen, ob ich den FC Aarau für die verbleibenden drei Ligaspiele übernehmen würde. Ein fast unmögliches Unterfangen, der Club stand auf dem letzten Platz der Tabelle und ganz tief im Abstiegssumpf. Der FC Schaffhausen lag im Tableau zwar bereits drei Punkte vor Aarau, konnte aber rechnerisch noch überholt werden, da noch eine direkte Begegnung anstand, bei der man die drei Punkte Rückstand mit einem Sieg kompensieren könnte. Der Club durfte sich aber bei den drei noch zu spielenden Partien definitiv keine Niederlage mehr erlauben. Die Mannschaft von Trainer Marco Schällibaum war talentiert und hatte in der Liga schon den einen oder anderen Großen geärgert.

Der einzige Weg, die Klasse noch zu halten, war also, kein Spiel mehr zu verlieren und die Direktbegegnung gegen Schaffhausen zu gewinnen. Ich hatte den Weg der Mannschaft bisher nicht wirklich verfolgt und hätte zu diesem

Zeitpunkt nur wenige Spieler namentlich nennen können. Nägeli fragte schließlich, was er Bianchi denn nun antworten solle. Ich sagte, er solle mich anrufen und wir könnten dann gern darüber sprechen.

Angerufen hat mich schließlich nicht Bianchi, sondern Ruedi Zahner, der vorher in Aarau Trainer war und nun eine beratende Funktion im Club innehatte. Bianchi hatte ihm anscheinend mitgeteilt, dass, wenn einer den Club jetzt noch retten könnte, dann wäre es Gilbert Gress. Die Situation war durchaus ernst: Aus den letzten fünf Spielen resultierten null Punkte und kein einziges Tor. Zahner fragte mich schließlich, ob ich bereit wäre, mit dem Präsidenten Christian Strebler zu sprechen. Ich willigte ein und der Präsident meldete sich kurze Zeit später telefonisch bei mir, woraufhin wir gleich einen Termin für Sonntag vereinbarten.

Die Aufgabe reizte mich, ich zog zu dem Zeitpunkt bereits in Erwägung, den Job zu machen. Allerdings war mir durchaus bewusst, dass ich auch viel zu verlieren hatte. Sollte der Klassenerhalt nicht geschafft werden, würde das automatisch auch mit mir und meinem persönlichen Scheitern in Verbindung gebracht werden. Einen Negativtrend in so kurzer Zeit umzukehren, dazu noch mit einer stark verunsicherten Equipe, ist generell ein nicht ganz einfaches Unterfangen.

Ich studierte vor dem Treffen die Ergebnisse und die Tabellenkonstellation, um entsprechend vorbereitet in das Gespräch zu gehen. Ich erklärte dem Präsidenten dann, dass es aufgrund der prekären Lage und dem nicht einfachen Restprogramm unglaublich schwierig werden würde, aus dieser Klemme noch herauszukommen. Gleichzeitig machte ich aber klar, dass der Club durch die Direktbegegnung gegen den FC Schaffhausen durchaus auch realistische Chancen hätte, die Klasse zu halten. Wir einigten uns schließlich nach einem längeren Gespräch auf eine Zusammenarbeit für die nächsten drei Wochen und wollten nach Abschluss der Saison besprechen, ob und wie es weitergehen sollte.

Die Tage wurden damit sehr lang und die Nächte umso kürzer. Ich musste die Mannschaft kennenlernen, Gegner studieren, die Taktik den spielerischen Möglichkeiten des Teams anpassen und vor allem auch die Spieler mental auf die schwierige Aufgabe vorbereiten. Das alles in einer dermaßen kurzen Zeitspanne zu bewerkstelligen war eine große Herausforderung. Ich war aber überzeugt, dass wir es schaffen konnten, andernfalls hätte ich nicht zugesagt. Die größte Schwierigkeit war neben der mentalen Vorbereitung auch die Tatsache, dass wir zwar einige sehr gute Leute im Team hatten, aber eben nicht genügend. Das machte die Situation nicht einfacher.

Unser erstes Endspiel bestritten wir zu Hause gegen den Grasshopper Club, das schließlich mit 0:0 endete. Es war der erste Punkt seit fünf Spielen, aber ob das reichte? Mir wäre ein Sieg zum Auftakt natürlich wesentlich lieber gewesen, vor allem auch, weil Schaffhausen ebenfalls nur unentschieden in St. Gallen gespielt hatte. So blieb es weiterhin bei drei Punkten Rückstand bei jetzt noch zwei ausstehenden Partien.

Zum kapitalen Spiel in dieser Kampagne mussten wir auswärts in Schaffhausen antreten und trafen damit auf unseren direkten Konkurrenten im Kampf um den Klassenerhalt. Alles andere als ein Sieg hätte den direkten Abstieg bedeutet, der Druck war somit beträchtlich. Davon spürte man im Spiel allerdings wenig, die Mannschaft lieferte das beste Spiel unter meiner Führung ab und gewann hochverdient mit 2 : 0. Somit waren wir nun punktgleich mit Schaffhausen, zogen aber wegen der um zwei Treffer besseren Tordifferenz in der Tabelle vorbei auf Rang 9, der zur Barrage (Relegation) gegen den Zweitplatzierten der zweiten Liga berechtigte. Der letzte Spieltag konnte aufgrund dieser Tabellensituation also dramatischer nicht werden.

Das letzte Meisterschaftsspiel bestritten wir zu Hause im Brügglifeld gegen den FC St. Gallen. Es verlief zum Glück genau nach Drehbuch, wir gingen bereits in der 17. Minute durch Rogerio in Führung und konnten das Resultat bis knapp zur Mitte der zweiten Halbzeit verwalten. St. Gallen gelang zwar noch der Ausgleichstreffer, allerdings wusste ich zu diesem Zeitpunkt bereits, dass Schaffhausen in Thun 0 : 2 zurücklag und war guter Dinge, dass wir das Resultat verwalten würden. Wir hielten das 1:1 bis zum Schluss und retteten uns damit in die Barrage, wo der AC Bellinzona als Gegner bereits feststand.

Das erste Etappenziel war erreicht, aber es galt jetzt, sich voll auf die Barrage zu konzentrieren und mit zwei konzentrierten Leistungen das unmöglich Geglaubte möglich zu machen. Ich wollte unbedingt den Gegner beobachten und reiste deshalb zwei Tage nach unserem Spiel nach Bellinzona, um das Spiel gegen Lausanne anzusehen. Bei strömendem Regen kam ich mit einem Kollegen in Bellinzona an, wo wir unweit des Stadions das Auto parkten. Als wir endlich im Stadion eintrafen, waren wir nass bis auf die Knochen. Wir schafften es gerade rechtzeitig zum Anpfiff. Ich wusste bereits im Vorfeld, dass Trainer Vladimir Petkovic, ab Sommer 2014 neuer Nationaltrainer in der Schweiz, für das letzte Saisonspiel nur fünf bis sechs Stammspieler einsetzen und seine übrigen Stammkräfte für die Barrage-Spiele schonen würde. Trotzdem gewann ich wichtige Erkenntnisse aus der Partie.

Bei unserer ersten Begegnung in Bellinzona bestritten wir ein gutes Spiel und gewannen mit 2:1, ließen aber eine Riesenmöglichkeit zum 3:1 aus. So war das Polster für das Rückspiel zu Hause nicht so groß, wie es im besten Fall hätte sein können. Die Ausgangslage war somit sehr gut und der Druck lag nun beim Gegner, der zwingend zwei Tore schießen und gleichzeitig gewinnen musste, um uns in der Endabrechnung noch zu schlagen. Das Brügglifeld in Aarau war natürlich rappelvoll. Das Publikum feuerte die Mannschaft frenetisch an und war ein wichtiger Rückhalt auf den letzten Metern zum Klassenerhalt. Wir begannen die Partie nervös, hielten aber ein solides 0:0 bis zur Pause.

In der zweiten Hälfte gerieten wir durch einen groben Abwehrfehler mit 0:1 in Rückstand und standen mit einem Bein schon in Liga Zwei. Ein Tor mehr für den Gegner, ohne selbst eins zu schießen, hätte das Aus bedeutet. Die Mannschaft rappelte sich aber auf und Mesbah machte in der 67. Minute den Ausgleich. Wir hielten das Score bis zur 89. Minute, wo Mesbah erneut zuschlug und das 2:1 markierte. Er kassierte daraufhin eine gelb-rote Karte wegen Trikotausziehens beim Torjubel.

In der Nachspielzeit erhöhte Sermeter gar noch auf 3:1, das Spiel wurde kurz danach abgepfiffen. Wir hatten tatsächlich das geschafft, was die meisten nicht mehr für möglich gehalten hätten. Der FC Aarau bewahrte sich so den Mythos des Nicht-Absteigens, den er sich in den Jahren zuvor, als er oft gegen den Abstieg kämpfte, aufgebaut hatte. Es war wirklich ein wunderbares Gefühl zu sehen, wie sich die Mannschaft und die Fans über diesen Klassenerhalt freuten. Einen großen Verdienst an diesem Erfolg hatten Ruedi Zahner und Silvano Bianchi, die für mich sehr wichtige Vertrauenspersonen waren. Spieler wie Benito, Paulinho, Mesbah, Sermeter und Rogerio sind über sich hinausgewachsen und haben mit ihrem Willen, Talent und Einsatz den Unterschied zur anderen Mannschaft ausgemacht. 53 Jahre nach dem legendären Wunder von Bern – Deutschland gewann 3:2 gegen das hoch favorisierte Ungarn – folgte mit dem Wunder von Aarau eine zweite Geschichte, die man vorher nie für möglich gehalten hätte.

Das Ziel war somit erreicht, nun war es an der Zeit, sich darüber zu unterhalten, wie es zwischen dem Club und mir weitergehen sollte. Seit meiner Abmachung mit Präsident Strebel, den FC Aarau kurz vor Saisonende zu übernehmen, erhielt ich von ihm manchmal mehrmals täglich Nachrichten und Anrufe, die mich zu einer Weiterarbeit über meinen Kurzzeitjob hinaus bewegen sollten. Teilweise bekam ich morgens um 5.00 Uhr schon SMS-Nachrichten von ihm, in denen er völlig euphorisch vom Neuanfang und Neuaufbau des FC Aarau gemeinsam mit mir sprach.

Seltsamerweise hörte das aber nach dem ersten Barrage-Spiel umgehend auf. Das wunderte mich sehr, da sein Verhalten vorher ganz anders war. Ich rief ihn irgendwann an und fragte, ob alles in Ordnung sei, ich würde plötzlich nichts mehr von ihm hören. Er versicherte mir jedoch, dass alles in bester Ordnung sei.

Unmittelbar nach dem Klassenerhalt erfuhr ich aus der Zeitung, ich wäre für den FC Aarau zu teuer. Ich konnte mir nicht erklären, woher diese Nachricht kam, ich habe den wahren Grund auch nie wirklich erfahren. Fakt ist, dass ich nie ernsthaft mit dem Verein über einen neuen Vertrag und schon gar nicht über finanzielle Dinge gesprochen habe. Mit gezielten Verstärkungen hätte die Mannschaft ein Potenzial gehabt, wesentlich weiter oben mitzuspielen. Das tat sie dann zwei Saisons lang auch, allerdings ohne mein weiteres Mitwirken. Zwei Jahre später stieg der Verein schließlich doch ab, kämpfte sich danach aber rasch wieder in die Super League zurück.

Beim Fernsehen

Anlässlich der Europameisterschaft 2000 in Belgien und den Niederlanden feierte ich meine Premiere als TV-Experte beim Schweizer Fernsehen. In den bisherigen Jahren habe ich mit drei verschiedenen Partnerexperten Spiele im TV analysiert und hätte dabei nicht mehr Abwechslung haben können. Da war zum einen Jörg Stiel, eine besondere Persönlichkeit mit einem etwas verrückten, aber überaus positiven Charakter. Dann Andy Egli, ein Vollprofi, der sich ungemein akribisch auf die Spiele vorbereitete und nicht selten die Schuhgröße gewisser Spieler auswendig wusste.

Raphaël Wicky, mit dem ich seit geraumer Zeit als Experte bei UEFA Champions League-Übertragungen zusammenarbeitete, ist noch sehr jung und hat seine aktive Karriere noch nicht allzu lange beendet. Er durchläuft, wie bereits erwähnt, seit einigen Jahren diverse Lehrgänge als Trainer und ich wünsche ihm sehr, dass er sie erfolgreich abschließt.

Mein Ziel als TV-Experte beim Schweizer Fernsehen war genau dasselbe wie auch als Trainer: die Leute glücklich zu machen und zu unterhalten. Ich habe das Glück, mit Moderator Rainer Maria Salzgeber eine richtige Persönlichkeit neben mir zu haben, die sehr viel Intelligenz und einen ausgeprägten Humor mitbringt. Das passte und passt einfach zusammen. Mein Erfolg und die entgegengebrachte Sympathie des Publikums hat viel mit ihm zu tun. Er stellt die richtigen Fragen, liefert mir Steilvorlagen, die es einfach machen, eine gute Antwort zurückzuspielen und bringt einen guten Spruch im richtigen Moment. Wir arbeiten mittlerweile schon weit über ein Jahrzehnt zusammen und verstehen uns auch privat gut.

Das Engagement beim Fernsehen ist genauso wie mein Beruf als Spieler oder Trainer keine Arbeit, sondern Passion. Ich sage manchmal, dass ich seit meinem 18. Lebensjahr nicht mehr gearbeitet habe. Zuerst gespielt, dann trainiert und jetzt diskutiert. Was kann mir als Fußballpassioniertem Besseres passieren, als mit Gleichgesinnten vor einem großen Publikum über den schönsten Sport der Welt zu sprechen? Dass das nebenbei bei den Zuschauern und, nach eigenen Aussagen, auch in der SRF-Chefetage sehr gut ankommt, macht es umso schöner.

Ich wurde richtig populär, als ich durch die Fernsehübertragungen immer öfter auf den heimischen Bildschirmen in der Deutschschweiz zu sehen war. Ich sage bewusst in der Deutschschweiz. Obwohl ich meine größten Erfolge mit Neuchâtel Xamax (und somit in der Romandie) feierte, bin ich in der Deutschschweiz viel bekannter und beliebter, als ich es in der Romandie je war oder sein werde. Warum das so ist, kann ich nicht sagen, aber es ist einfach so.

Das merkte ich auch, als ein paar Jahre nach meinem ersten Engagement beim Fernsehen eine interessante Anfrage für ein neues TV-Format namens »Der Match« an mich herangetragen und später auch erfolgreich umgesetzt wurde.

Der Match

Im Winter 2005 eröffnete sich mir eine Chance, für die ich heute noch sehr dankbar bin. Endemol fragte an, ob ich bei dem neuen TV-Format »Der Match« die Trainerrolle übernehmen wolle. Vorweg kann ich sagen, dass diese beiden Produktionen, 2008 wurde Teil zwei produziert, maßgeblich dazu beigetragen haben, dass mich die Leute in der Deutschschweiz in einer solchen Breite kennenlernten und sich für mich als Mensch interessieren konnten.

Als Spieler und insbesondere als Trainer wird man immer kontrovers diskutiert, auch wenn man versucht, sich über die gesamte Karriere hinweg korrekt und professionell zu verhalten. Das Deutschschweizer Publikum ist unglaublich treu, hat Sinn für Humor und scheint Menschen wie mich irgendwie zu mögen. Meine Popularität, die ich heute genieße, verdanke ich zu einem Großteil dieser Sendung.

Das Konzept von »Der Match«, es stammte ursprünglich aus England und wurde dort in mehreren Staffeln gesendet, war eigentlich, auf dem Papier gesehen, ganz simpel: Ich sollte aus etlichen Prominenten, die fußballerisch zwischen sehr talentiert und stark verbesserungswürdig schwankten, innerhalb einer Woche eine Mannschaft formen, die es mit einer Auswahl ehemaliger Schweizer Nationalspieler in einem Fußballspiel aufnahm. Dabei sollten in einer Vorselektionsphase Leute aus dem Kader abgewählt werden – von den eigenen Teamkameraden. Als Assistenten wurden mir Urs Schönenberger und Martin Brunner zur Seite gestellt.

Anfangs konnte ich mir das Ganze in der Praxis nicht so recht vorstellen, aber als der Regisseur der Sendung, Stefan Klameth, dann in seinen Ausführungen mehr ins Detail ging, fand ich aber schnell Gefallen an der Sache. Die Sendung würde sehr aufwendig produziert werden, zudem gab es kaum gestellte Szenen, was in meinen Augen mit das Wichtigste war. Ich wollte mich nicht verbiegen und dabei das Wesentliche aus den Augen verlieren. Das Konzept sah glücklicherweise auch nicht vor, dass wir irgendeine Rolle spielten, sondern dass wir hart gemeinsam daran arbeiteten, das Spiel gegen die Legenden-Mannschaft zu gewinnen.

Während der Vorbereitung auf die erste Sendung hatte ich schlimme Befürchtungen, dass es die prominente Truppe in Bezug auf Disziplin, Pünktlichkeit und Professionalität nicht so genau nehmen und eine seriöse Arbeit so womöglich schwierig werden würde. Glücklicherweise sollte ich mich irren. Sämtliche Spieler erschienen stets pünktlich, frisch und top motiviert zu allen Trainingseinheiten. Die Arbeit wurde wirklich ernst genommen und jeder wollte unbedingt nach Abschluss der finalen Teamselektionsphase in der Mannschaft bleiben.

In meinem Training gab es natürlich keine halben Sachen. Ich legte dieselbe Härte und Intensität in den Übungseinheiten an den Tag wie bei einer Profimannschaft. Letztlich sollte das Ganze nicht zu einem Ferienfußballcamp verkommen. Schließlich war der Gegner, dem man am Schluss gegenüberstand, auch keine Schülermannschaft, sondern eine Ansammlung von verdienten ehemaligen Profis wie Chapuisat, Bregy, Hermann, Stiel oder Murat Yakin. Wollte man gegen diese Truppe eine Chance haben, musste man aus jedem zur Verfügung stehenden Spieler das Maximum herausholen. Der Konkurrenzkampf war entsprechend groß. Daraus entwickelte sich ab und zu eine gewisse Spannung, die zwischendurch auch mal die ansonsten wirklich gute Stimmung etwas trübte. Die besseren Fußballer im Team hatten natürlich Ansprüche an die weniger talentierten Leute, die diese aber nur bedingt erfüllen konnten.

Wir hatten in beiden Staffeln wirklich gute Spieler in der Mannschaft. Mein TV-Kollege und Freund Rainer Maria Salzgeber war ein solider Torhüter, der leider in der zweiten Staffel nicht mehr mitmachen durfte. Leute wie Ex-Mister Schweiz Renzo Blumenthal, der Schauspieler Joris Gratwohl (unter anderem bekannt aus der Lindenstraße) oder der Beach Soccer-Profi Stephan Meier waren früher Profifußballer und brachten eine gute Portion Glanz und Spielkultur in unser Spiel. Andere Leute wie Formel 1-Rekordweltmeister Michael Schumacher oder der Sänger Baschi waren Naturtalente und konnten sehr gut mit einem Ball umgehen.

Zu Schumacher noch ein Wort: Ich fand es großartig, dass er sich dazu bereit erklärte, in der zweiten Ausgabe von »Der Match« mit uns zu trainieren und beim Match selbst auch mitzuspielen. Er war damals einer der weltweit größten aktiven Sportler und hat sich trotz seines Superstar-Status' absolut vorbildlich und sehr kollegial verhalten. Obwohl er das Training nur an einem Tag mitmachen konnte, fühlte er sich der Mannschaft sofort zugehörig und war mit vollem Herz dabei. Leider habe ich ihn damals etwas falsch eingesetzt. Er hätte eigentlich im Mittelfeld und nicht ganz vorn spielen sollen. Ich habe Schumacher als tollen, bodenständigen Menschen kennengelernt.

Kurze Zeit nach dem »Match« rief ich Michael noch einmal an und fragte ihn, ob er an einem Benefizspiel für die »Fondation Franziska Rochat-Moser« in Crissier teilnehmen würde, bei der ich mich ehrenamtlich als Trainer engagierte. Er hat auch da ohne zu zögern zugesagt, was ich als wirklich nicht selbstverständlich empfand. Er kam gemeinsam mit seinem Sohn und zeigte, was er konditionell draufhatte. Es war Juni und sehr heiß, trotzdem lief Michael davon völlig unbeeindruckt zwei Mal 30 Minuten das Spielfeld rauf und runter. Seine Ausdauer und sein Kampfwille waren wirklich beeindruckend, zudem schoss er gegen meinen ehemaligen

Xamax-Keeper Joël Corminboeuf noch zwei Elfmetertore, worüber dieser sich grün und blau ärgerte.

Alle Spieler entwickelten wirklich großen Ehrgeiz, was mir sehr gut gefiel. Der Politiker Mario Fehr beispielsweise nahm bereits vor dem Start dreizehn Kilo ab, damit er überhaupt die Form hatte, mitzumachen. Er war ein zäher Kerl und hat sich bis fast zuletzt durchgebissen. Erst kurz vor Schluss schied er im Rennen um einen Platz im finalen Kader der ersten Staffel aus.

Auch Schauspieler Leonardo Nigro war leidensfähig. In der zweiten Staffel kam er mit sechs Kilo Übergewicht an, versicherte mir aber, dass er die überflüssigen Kilo sofort loswerden würde. Er hielt Wort und schwitzte sein Übergewicht mit harter Arbeit und viel Disziplin wieder ab. Das musste er auch, ich hätte ihn sonst natürlich nicht genommen.

Die Spiele, auf die wir in beiden Staffeln mühsam hintrainierten, wurden leider beide verloren. Das erste im St. Galler Espenmoos verloren wir mit 1:6 deutlich zu hoch, der Torschütze des Ehrentreffers war SVP-Präsident Toni Brunner, der an diesem Abend als Ostschweizer ein Heimspiel hatte.

Bei der zweiten Partie hielten wir allerdings kräftig dagegen und verloren lediglich mit 1:2. Torschütze war Renzo Blumenthal. Ich bin der Meinung, dass sich die bunt zusammengewürfelten Mannschaften im Rahmen ihrer Möglichkeiten wirklich sehr gut verkauft haben. Man darf nicht vergessen, dass man gegen ehemalige Profis spielte, die genau wussten, was taten. Natürlich waren sie spielerisch überlegen und hatten eine riesige Erfahrung aus vielen Jahren Profifußball. Dazu kam noch ihr taktisches Verständnis und die viel bessere Kräfteeinteilung, beides war am Ende ausschlaggebend.

Aus der Hoffnung und Motivation, vielleicht eine Sensation zu schaffen, entwickelte sich nach den verlorenen Spielen jedoch rasch eine Katerstimmung. Ich fand das auch gut so. Das zeigte mir, dass wir mit unserer harten Arbeit den Anspruch an uns selbst entwickelt hatten, die Spiele zu gewinnen, obwohl wir in der Theorie eigentlich nicht die besten Chancen hatten. Genau diesen Willen setze ich auch bei einer Profimannschaft voraus. Man kann auf dem Papier noch so unterlegen sein, der Glaube an sich selbst und den unbedingten Wunsch, das Unmögliche zu schaffen, kann an guten Tagen ganz allein über Sieg oder Niederlage entscheiden. Egal, wer auf der anderen Seite steht. Das erleben wir im Sport generell, aber natürlich insbesondere im Fußball, immer wieder aufs Neue. Genau das macht die Faszination und die Spannung aus – man weiß im vorhinein nie, wie es ausgeht, und wenn doch, dann liegt man auch gern mal falsch.

Ich hatte an diesem Format wirklich sehr viel Spaß und bin mir fast sicher, dass es sämtlichen Akteuren genauso ging. Eben nicht, weil es bei uns ähnlich locker wie im Jugendlager zuging, sondern weil wir allesamt seriös gearbeitet haben. Die Freude kommt nur mit dem Fortschritt, und den haben wir zweifelsohne innerhalb dieser kurzen Phase zusammen erzielt.

Damals, heute und morgen

Ich habe das Glück, dass ich die letzten Jahrzehnte im Profifußball verbringen durfte. Egal ob als Spieler, Trainer oder TV-Experte, ich erlebte die Entwicklungen im Geschäft entweder am eigenen Leib oder beobachtete sie später von außen als Fußballinsider und Medienschaffender.

Was hat sich in dem letzten halben Jahrhundert verändert? Der Kern ist stets derselbe, es geht um eine Sportart, die Abermillionen von Menschen tagtäglich begeistert und dessen Bann man sich nur schwer entziehen kann.

Einer der größten Veränderungen im Fußball der Neuzeit ist, das es seit dem Bosman-Urteil so gut wie keine Ausländerbeschränkung mehr in den Vereinen gibt. Der Fall Bosman eröffnet seither auch durchschnittlichen ausländischen Spielern die Möglichkeit, in großen Ligen für ein gutes Gehalt zu spielen, während früher nur zwei bis drei Profis aus dem Ausland pro Club zugelassen waren. Die Top-Vereine in Europa holen sich so natürlich Spieler aus der ganzen Welt, die talentierte Eigengewächse nicht selten verdrängen.

Natürlich sind nicht wenige ausländische Spieler damals wie heute das Salz in der Suppe. Sie sorgen oft für Spektakel und bringen eine eigene, andere Spielkultur mit viel Niveau in die Vereine. Im Gegensatz zu früher ist es aber inzwischen meist so, dass deswegen bis auf wenige Ausnahmen kaum mehr eigene Spieler in den Top-Vereinen spielen, mit denen sich das Publikum identifizieren kann. In Strasbourg wurden wir damals mit einer praktisch rein elsässischen Mannschaft französischer Meister oder in der Schweiz mit Xamax mit sieben bis acht Leuten aus dem Kanton Neuchâtel. Die Begeisterung und die Wertschätzung einer ganzen Region zu spüren, die ihre eigenen Leute feiert, ist einfach unvergleichlich schön. Top-Mannschaften, vor allem in England, Frankreich und in Italien haben heute oft gerade mal zwei oder noch weniger Landsleute in ihren Teams. Vor einigen Jahren gewann Inter Mailand die Champions League ohne einen einzigen Italiener in der Mannschaft und Paris Saint-Germain wurde jüngst französischer Meister mit einem einzigen Franzosen im Team. Heute kommen selbst die Präsidenten aus dem Ausland, wie beispielsweise aus Katar oder Russland, während früher in Strasbourg, Neuchâtel und auch andernorts noch Leute aus der eigenen Region das Sagen hatten.

Anhand meiner Berichte über Unruhen in Präsidien oder Clubvorständen wird klar, dass damals wie heute sehr viele Leute im Fußballgeschäft mitmischen möchten, die da eigentlich gar nicht hingehören. Früher kamen solche Leute vorwiegend aus der lokalen Wirtschaft, heute engagieren sich viele Privatiers und Geschäftsleute aus Katar oder Russland mit riesigen Geldreserven bei den besten Vereinen. Die Folge dieses Trends sind gesichts- und farblose Vereine , die ihre Identität zugunsten von wirtschaftlichen Aspekten aufgeben. Das erklärte Ziel von Paris Saint-Germain beispielsweise ist der Gewinn der UEFA Champions League. Und gleichzeitig spricht man schon von der Verpflichtung von Lionel Messi, um dieses Ziel zu erreichen. Sollte das nicht genügen, könnten dann plötzlich Cristiano Ronaldo oder ein bis zwei weitere Superstars folgen. Irgendwann holen sie sich wohl diesen Titel. Doch wer ist dann der Sieger? Das Geld ... Wenn der FC Barcelona die Champions League gewinnt, dann sind da mindestens sieben Spieler in der ersten Mannschaft, die aus der eigenen Akademie stammen.

Wenn wir von Veränderungen von früher zu heute sprechen, dann werden diese nicht zuletzt anhand der gigantischen Infrastrukturen, auf die Top-Vereine heute zurückgreifen können, deutlich. Dass der Fußball generell schneller geworden ist, hat unter anderem mit den sehr viel besseren Plätzen und Bodenverhältnissen zu tun. Und dies nicht nur in der obersten Spielklasse, sondern generell. Wenn ich mir heutige Rasenplätze anschaue, bei denen jede einzelne Grasnabe gleich breit, gleich lang und gleich grün ist, dann kann ich gut nachvollziehen, weshalb das Niveau generell angezogen hat. Eine so filigrane Technik, wie sie heute beispielsweise von den Spaniern gespielt wird, wäre auf den Plätzen von früher nicht möglich gewesen.

Auch die Stadien haben heute ein Niveau, von dem man zu früheren Zeiten nur träumen konnte. Als ich damals spielte, gab es nur ganz wenige Sitzplätze – beim Fußball hat man generell gestanden. Und das vorwiegend nicht überdacht. Damals wurde man bei den Spielen – bei entsprechendem Wetter – entweder also tropfnass oder durch die Sonne richtig gut durchgebraten. Der Zuschauer konnte so sehr gut nachvollziehen, wie das Wetter das Spiel beeinflusste. Als ich 1977 als Trainer zu Racing Strasbourg kam, gab es gerade mal 3500 Sitzplätze in der Meinau und später in Neuchâtel ungefähr 1300. Heute gibt es in beiden Stadien, wie fast überall in Europa, praktisch nur noch Sitzplätze.

Eine große Veränderung sehen wir seit einigen Jahren in der TV-Vermarktung des Fußballs. Als wir 1992 mit Racing Strasbourg in der Barrage gegen Rennes spielten, überlegte der Verein lange, ob er das Fernsehen in das Stadion lassen soll. Dies, weil wir befürchteten, die Arena könnte womöglich nicht voll sein. Der Verein entschied sich trotzdem dafür und erhielt 100 000 französische Francs – umgerechnet ca. 16 000 Schweizer Franken. Damals wurden nur einzelne Spiele im TV übertragen. Wie schon erwähnt, hatte es sich für das Fernsehen sehr gelohnt, das Spiel wurde zum Spiel des Jahres im französischen Fernsehen gewählt. Heute generieren die Vereine durch die TV-Vermarktung Summen, von denen wir damals nur träumen konnten. Früher machten die Zuschauereinnahmen den Großteil der Einnahmen aus, heute könnten die Vereine nur damit unmöglich noch überleben. Die Clubs investieren große Teile der TV-Gelder unter anderem in neue Spieler. Die Topverdiener unter den Vereinen investieren dann wiederum in Topverdiener und verstärken sich mit den besten Ausländern aus der ganzen Welt. Davon profitieren insbesondere auch die Spieler.

Ohne jemanden langweilen zu wollen, möchte ich an dieser Stelle kurz ein Wort zum viel diskutierten »modernen Fußball« verlieren. Wo immer in Journalistenkreisen über Fußball diskutiert wird, fällt dieser Begriff, ganz besonders oft in Frankreich. Ich frage mich dann stets, wie alt denn »modern« sein kann. Vor ungefähr drei Jahren spielte der FC Barcelona im »El Classico« gegen seinen Erzrivalen Real Madrid und siegte höchst beeindruckend mit 5:0. Eines der besten Spiele, die ich je von einer Fußballmannschaft gesehen habe. Als der damalige Trainer Pep Guardiola nach dem Spiel von einem Journalisten gefragt wurde, ob dies der neue, moderne Fußball gewesen sei, antwortete er mit seiner ganzen Bescheidenheit: »Modern ja, aber nicht neu und auch nicht von mir erfunden. Viel mehr widme ich diesen Sieg Johan Cruyf, der uns damals, als ich selbst noch aktiv war, mit dem FC Barcelona so gelehrt hat zu spielen, wie wir es heute, über 20 Jahre später unter meiner Leitung, nun auch machen.«

Im Fußball verändert sich nicht jede Woche etwas Grundlegendes. Ich werde im Elsass und auch in Neuchâtel noch oft Zeuge davon, dass sich die Leute anhand der heutigen Spielweise des FC Barcelona an meine Mannschaften in Strasbourg und von Xamax erinnern. Natürlich war das nicht das gleiche Niveau, aber meine damalige taktische Ausrichtung ist im Kern durchaus mit der Spielweise des FC Barcelona vergleichbar. Ich legte ebenfalls größten Wert auf viel Ballbesitz, ein hohes Pressing, Passsicherheit und darauf, dass die Offensivkräfte permanent mit nach hinten arbeiten und die Defensivleute sich auch in den Angriff einschalten. Moderne Mannschaften wie der FC Barcelona oder Bayern München zelebrieren diesen sogenannten modernen Fußball heute teilweise fast in Perfektion. Wir waren in Strasbourg vor 35 Jahren und auch später in Xamax demnach schon sehr modern. Ich wundere mich deshalb, wenn ich lese, dass Laurent Blanc es bei PSG im Jahr 2014 immer noch nicht schafft, dass seine Offensiv-Leute mit nach hinten arbeiten – diese Probleme hatte ich nicht.

Lange Jahre hat man über Raum- und Manndeckung diskutiert. Ich persönlich habe aber primär immer sehr viel Wert auf Intelligenz gelegt. Ich dachte früher immer, dass ich meine Mannschaft Manndeckung spielen ließ, bis wir 1982 gegen Hamburg im Europacup spielten. Im Vorfeld zu dieser Partie meinte der deutsche Trainer Hennes Weisweiler in der Bild-Zeitung, dass Xamax in der Schweiz die beste Raumdeckung spielt. Ich wiederhole mich gerne: Für mich ist das lediglich eine Frage der Intelligenz. Als Trainer hatte ich während meiner ganzen Karriere den Anspruch, dass meine Handschrift in Bezug auf Taktik und Aufstellung erkennbar ist. Wenn die Mannschaft spielerisch das umsetzt, was der Trainer vorgibt, dann ist das für jeden Coach eine Bestätigung seiner Arbeit. Pep Guardiola, heute Trainer in München, drückt seiner Mannschaft seinen Stempel auf. Dasselbe gilt für Top-Trainer wie Wenger beim FC Arsenal oder Ancelotti bei Real Madrid. Ein Trainer ohne Handschrift hält sich in der Regel nicht sehr lange, da seine Spieler ihn auf Dauer nicht verstehen und nicht nach einem klar in den Köpfen und Beinen verinnerlichtem System agieren. Das verhindert in den meisten Fällen eine Harmonie zwischen Spieler und Trainer und damit oft auch den langfristigen Erfolg. Es gibt aber Ausnahmen wie José Mourinho, der bereits in jungen Jahren eine sehr respektable Trainerkarriere vorzuweisen hat. Bei ihm vermisse ich diese Widerspiegelung einer Philosophie auf dem Platz. Es ist deshalb in meinen Augen umso beachtlicher, dass er bei seinen Spielern generell sehr beliebt und gleichzeitig so erfolgreich ist.

Regelneuerungen und generelle Veränderungen im Fußball liefern stets viel Diskussionsstoff. Meine Meinung zu der unsäglichen passiven Abseitsregel habe ich bereits kundgetan, es gibt aber auch sehr sinnvolle Neuerungen wie die Einführung der Torlinientechnik. Ich begrüße diese Art des Kontrollmechanismus' und bin gespannt, wie sie sich bei der kommenden Weltmeisterschaft in Brasilien in der Praxis auf höchstem Niveau bewährt. Auf diese WM darf man aber auch aus ganz anderen Gründen gespannt sein. Ein Endrundenturnier in Brasilien ist wohl für jeden Nationalspieler etwas vom Größten, was es geben kann. Die Generation, die das im Jahr 2014 miterleben darf, hat großes Glück.

Es besteht kein Zweifel, dass Gastgeber Brasilien bei dieser Weltmeisterschaft der ganz große Favorit ist, weil für sie der Heimvorteil noch höheres Gewicht hat als für viele andere Nationen. Allerdings war das auch schon damals bei der WM 1950 so und dort konnten die Brasilianer die Erwartungen nicht erfüllen, als man das entscheidende Spiel gegen Uruguay verlor und damit unmittelbar eine Staatstrauer auslöste. Für Brasilien zählt bei diesem Turnier einzig und allein der Sieg, alles andere ist zu wenig. Dennoch sehe ich auch gute Chancen für andere Nationen. Die Argentinier werden immer hoch gehandelt, sind aber ungemein abhängig von einem Messi in Topform. Ich sage immer: Wenn Messi als der größte Fußballer in die Geschichte eingehen will, muss er mindestens einmal Weltmeister werden. Aber selbst dann fehlen ihm noch zwei Siege auf Pelé.

Neben den üblichen Verdächtigen Spanien, Italien und Deutschland gibt es sicherlich auch ein paar andere Nationen, die durchaus weit kommen können. Dazu zähle ich auch die Schweizer Nationalmannschaft. Noch nie hatte sie eine so gute Qualität wie heute, und es zeichnet sich ab, dass einige sehr gute Spieler zu Hause bleiben müssen, weil im

Kader aufgrund der großen Konkurrenz kein Platz für sie ist. Ich persönlich fiebere als schweizerisch-französischer Doppelbürger natürlich dem Gruppenspiel Schweiz – Frankreich entgegen. Die Franzosen sind eine wahre Wundertüte, sie können weit kommen. Der Schweiz traue ich ebenfalls durchaus einiges zu. Ein möglichst guter Auftakt und am Ende natürlich das Überstehen der Gruppenphase werden darüber entscheiden, ob man in der K.O.-Phase einen Coup landen kann. Ich denke, wenn es die Schweiz ins Achtelfinale schafft, dann kann sie, egal ob der Gegner namhaft ist oder nicht, eines der Überraschungsteams dieser WM werden. Generell darf man sehr gespannt sein, wie sich die Teams bei diesem Turnier präsentieren und gleichzeitig mit den klimatischen Verhältnissen zurechtkommen.

Egal ob früher, heute oder morgen: Der Fußball gibt uns ständig Anlass für rege Diskussionen, emotionale Debatten und Vorfreude auf tolle Dinge, die bevorstehen. Man darf sehr gespannt sein, was uns die nächsten Jahre noch alles erwartet.

C'est moi – Gilbert Gress

Wenn ich mich als Person treffend beschreiben müsste, dann würde ich als eine meiner ausgeprägtesten Eigenschaften meinen Drang zum Perfektionismus nennen. Egal ob beim Fußball oder bei einem einfachen Kartenspiel mit Freunden: Ich will immer gewinnen. Natürlich hatte dieser Charakterzug einen erheblichen Einfluss auf meine Karriere als Spieler und vor allem auch als Trainer. Wenn ich bei einem Verein als Trainer unterschrieb, dann war mein primäres Ziel stets, möglichst viele Spiele zu gewinnen und gleichzeitig (nicht nebenbei) auch die Leute glücklich zu machen. Das ist nur möglich, wenn man gute Qualität im Spiel hat und damit erfolgreich ist. Wenn ich heute von Leuten in Deutschland, Frankreich oder vor allem in der Schweiz angesprochen werde, dann stelle ich mit großer Genugtuung fest, dass ich das, zumindest nach meinem Empfinden, nicht schlecht hinbekommen habe.

Ich war und bin zwar im Fußball zu Hause, doch neben dem Kartenspielen habe ich eine weitere ausgeprägte und zeitintensive Leidenschaft: Nämlich das Verfolgen anderer Sportarten. Neben Basketball, Handball, Rugby und Tennis interessiere ich mich noch für viele weitere Sportwettbewerbe, die im Fernsehen zu sehen sind. Natürlich ist das für meine Frau nicht immer angenehm, aber wir haben glücklicherweise einen zweiten Fernseher, falls ihr mein Sportfanatismus zwischenzeitlich zu extrem wird.

Wenn ich heute auf meine Karriere zurückblicke, dann entdecke ich sofort, dass ich nicht selten Entscheidungen traf, die sich im Nachhinein als nicht besonders vernünftig herausgestellt haben. Ich hatte viele gute Chancen und habe davon leider viel zu wenige genutzt. Angefangen beim möglichen Wechsel zu den Bayern als Spieler bis hin zum Trainer der französischen Nationalmannschaft oder den deutschen Clubs Borussia Dortmund und den VfB Stuttgart. Zu viele Möglichkeiten blieben im Nachhinein betrachtet ungenutzt. Auch das ist etwas, was mich ausmacht: Emotionale Dinge über rationale Entscheide zu stellen und dem Herz zu folgen statt dem Kopf. Diese Eigenschaft stand mir zwar immer irgendwie im Weg, ist aber so tief verwurzelt, dass ich sie nie ablegen oder zumindest temporär ausblenden konnte. Das gehörte ebenso zu meiner Persönlichkeit, wie äußerlich betrachtet meine Brille und mein Haarschnitt.

Auf beides werde ich auch heute noch laufend angesprochen. Viele Leute würden es bedauern, wenn ich meinen Haarschnitt oder meine Brille wechseln würde. Sehr oft höre ich Sätze wie: »Herr Gress, Sie dürfen auf keinen Fall Ihre Brille wechseln!«, auch von jüngeren Leuten. Für mich sind das lediglich Äußerlichkeiten, die keine große Bedeutung haben. Ich spüre aber, dass es für viele Menschen, denen ich irgendwie sympathisch bin, zu der Person Gilbert Gress gehört und sie mich irgendwie auch deswegen mögen. Deshalb habe ich in nächster Zeit noch nicht vor, mein Aussehen zu verändern.

Ich bin ein extrovertiert veranlagter Mensch. Ich genieße es, von Leuten auf der Straße erkannt und positiv angesprochen zu werden. Was anderes kenne ich glücklicherweise auch gar nicht. Das ist ein Geschenk, wofür ich all den Leuten, die mich kennen und mögen zu großem Dank verpflichtet bin. Ich kann mit gutem Gewissen sagen, dass ich insbesondere in der Deutschschweiz nur selten grobe Kritik an meiner Person vernommen habe – sei es in der Presse oder ganz einfach in Gesprächen mit Menschen auf der Straße. Ich fühle mich dadurch sehr privilegiert und werde das nie als selbstverständlich hinnehmen.

Danksagung

Zuallererst möchte ich mich bei meinen Eltern, die von meinem späteren Ruhm leider nur sehr wenig profitieren konnten, bedanken. Natürlich gebührt auch meinen Schwiegereltern ein großer Dank, die sich wunderbar um unsere Kinder gekümmert haben.

Sehr dankbar bin ich den beiden damaligen Vorstandsmitgliedern von Racing Strasbourg, den Herren Maechler und Guérard, ohne deren Intervention bei Georges Boulogne meine Selektion für die französische Junioren-Nationalmannschaft nicht passiert wäre und ohne die meine Karriere vielleicht einen ganz anderen Verlauf genommen hätte.

Ich bin sehr dankbar, dass ich während meiner ganzen Karriere niemals ernsthaft verletzt oder von schlimmen Krankheiten heimgesucht wurde. Mein Bruder Gérard hat stets zu mir gesagt, dass all das, von dem ich stets verschont wurde, von ihm abgefangen wurde. Er hatte 17 teilweise sehr schwere Operationen und hat zeitlebens mit seiner Gesundheit gekämpft.

Meinem treuen Supporter Club möchte ich an dieser Stelle für seine unbeschreibliche Unterstützung und die vielen unvergessenen, gemeinsam gefeierten Glücksmomente danken.

Ein besonderes und herzliches Dankeschön an alle meine Fans, die vor allem in den letzten zehn Jahren immer wieder ihren Respekt und ihr Interesse an meiner Person geäußert haben.

Danken möchte ich an dieser Stelle gerne auch Hyundai, deren Autos mich seit Jahren auf meinen langen Reisen immer sicher zum Zielort bringen.

Zu guter Letzt danke ich meinem Co-Autor Christoph Ehrenzeller sehr herzlich für die unzähligen Stunden, die er gemeinsam mit mir in dieses Buch investiert hat. Ein großes Dankeschön auch an den Giger Verlag, der viel Flexibilität und große Geduld mit den Autoren bewiesen hat.

Der größte Dank geht an meine Frau Béatrice, die stets geduldig, aber zu gegebener Zeit auch durchaus kritisch mit mir war, und mich während meiner gesamten Karriere so fabelhaft unterstützt hat. Wir feiern 2014 unsere goldene Hochzeit und ich könnte glücklicher nicht sein, dass sie trotz des Umstands, dass sie auch heute noch so oft ohne mich auskommen muss, immer noch an meiner Seite ist.

Grüßen möchte ich an dieser Stelle meine Freunde im Lions Club in Strasbourg, in dem ich seit über dreizehn Jahren Mitglied bin.

Gilbert Gress, im März 2014

Palmarès

Als Spieler:

1964 Französischer Ligapokalsieger mit Racing Strasbourg
1966 Französischer Cupsieger mit Racing Strasbourg
1971 Französischer Meister mit Olympique Marseille
1972 Französischer Meister mit Olympique Marseille
1972 Französischer Cupsieger mit Olympique Marseille

Als Trainer:

1979 Französischer Meister mit Racing Strasbourg
1987 Supercup-Sieger mit Neuchâtel Xamax
1987 Schweizer Meister mit Neuchâtel Xamax
1988 Supercup-Sieger mit Neuchâtel Xamax
1988 Schweizer Meister mit Neuchâtel Xamax
1999 Schweizer Pokalsieger mit FC Zürich

Stationen

Als Spieler:
1960 – 1966 Racing Strasbourg
1966 – 1970 VfB Stuttgart
1971 – 1973 Olympique Marseille
1973 – 1975 Racing Strasbourg
1975 – 1977 Neuchâtel Xamax (Spielertrainer)

Als Trainer:
1977 – 1980 Racing Strasbourg
1980 – 1981 FC Brugge
1981 – 1990 Neuchâtel Xamax
1990 – 1991 Servette Genf
1991 – 1994 Racing Strasbourg
1994 – 1998 Neuchâtel Xamax
1998 – 1999 Schweizer A-Nationalmannschaft
1999 – 2000 FC Zürich
       2002 FC Metz
       2002 Sturm Graz
2004 – 2005 FC Sion
       2007 FC Aarau
       2009 Racing Strasbourg

20 Jahre ohne Heimniederlage im Europacup

1978	Racing Strasbourg – IF Elfsborg	4:1
	Racing Strasbourg – Edinburgh	2:0
	Racing Strasbourg – MSV Duisburg	0:0
1979	Racing Strasbourg – Kristiansand	4:0
	Racing Strasbourg – Dukla Prag	2:0
	Racing Strasbourg – Ajax Amsterdam	0:0
1981/82	Neuchâtel Xamax – Sparta Prag	4:0
	Neuchâtel Xamax – Malmö FF	1:0
	Neuchâtel Xamax – Sporting Lissabon	1:0
	Neuchâtel Xamax – Hamburger SV	0:0
1984/85	Neuchâtel Xamax – Olympiakos Piräus	2:2
1985/86	Neuchâtel Xamax – Sportul Studentesc	3:0
	Neuchâtel Xamax – Lokomotive Sofia	0:0
	Neuchâtel Xamax – Dundee United	3:1
	Neuchâtel Xamax – Real Madrid	2:0

1986/87	Neuchâtel Xamax – Lyngby BK	2:0
	Neuchâtel Xamax – FC Groningen	1:1
1987/88	Neuchâtel Xamax – FC Lahti	5:0
	Neuchâtel Xamax – Bayern München	2:1
1988/89	Neuchâtel Xamax – AE Larisa	2:1
	Neuchâtel Xamax – Galatasaray Istanbul	3:0
1995/96	Neuchâtel Xamax – Roter Stern Belgrad	0:0
	Neuchâtel Xamax – AS Rom	1:1
1996/97	Neuchâtel Xamax – Larnaka	4:0
	Neuchâtel Xamax – Dynamo Kiew	2:1
	Neuchâtel Xamax – Helsingborgs IF	1:1
	Neuchâtel Xamax – Tiligul Tiraspol	7:0
	Neuchâtel Xamax – Viking Stavanger	3:0

Bildquellen

Bilder 1–62: Privatarchiv Gilbert Gress
Bilder 63, 67–69: Daniel Perrig
Bild 64: SRF/Daniel Ammann
Bild 65: David Biedert/tilllate.com
Bild 66: SRF/Oscar Alessio
Umschlagbilder Gilbert Gress: Jörg Kressig
Bild Christoph Ehrenzeller, Umschlagklappe zwei:
　Leo Boesinger

Der Schlüssel für ein bewusstes und selbstbestimmtes Leben

Gary Quinn ist der Starcoach von Hollywood und viele Schauspieler vertrauen ihm. YES! Mit einem Wort effektiv und positiv durch den Alltag!
In diesem kompakten Leitfaden beschreibt der Autor praktische und wirkungsvolle Strategien zur Selbsterkenntnis und Selbsthilfe. Er vermittelt positive Leitgedanken, gibt hilfreiche Hintergrundinformationen und inspiriert mit wirksamen Affirmationen dazu, inmitten eines hektischen Alltags positiv und optimistisch zu bleiben, sich von beengenden Vorurteilen, Gewohnheiten und Ängsten zu lösen, die eigenen Wünsche und Fähigkeiten zu erkennen und so die Kreativität und das verborgene Potenzial der eigenen Persönlichkeit zu entdecken und zu entwickeln.

Gary Quinn
The Power of Yes
Der Schlüssel für ein bewusstes und selbstbestimmtes Leben
224 Seiten, Format 13 × 21 cm, Klappenbroschur,
ISBN 978-3-905958-34-8

www.gigerverlag.ch

Gedanken und Inspirationen für ein stressfrei glückliches Leben

Alain Sutter macht sich Gedanken über den Stress in unserer Gesellschaft und seine negativen Auswirkungen. Dazu gehört auch der frühe Druck, der auf unseren Kindern lastet, und sich danach wie ein roter Faden durchs Leben zieht.

In seinem neuen Beruf, dem Coaching von Kindern, Jugendlichen und Erwachsenen, die mit viel Druck und hohen Erwartungen zurechtkommen müssen, sieht der ehemalige Fußballprofi seine Lebensaufgabe. Er will den Menschen helfen, ihr inneres Potenzial zu entfalten, Blockaden aufzulösen und Widerstände, die zu großem inneren Stress führen, zu überwinden.

Alain Sutter ist überzeugt, dass man stressfrei glücklich sein kann, wenn die Freude und nicht das Resultat im Mittelpunkt des Handelns steht – und dass man, wenn dies erreicht ist, auch zwangsläufig erfolgreich ist.

Alain Sutter
Stressfrei glücklich sein
248 Seiten, Format 14 × 21 cm, Hardcover mit Schutzumschlag,
ISBN 978-3-905958-35-5

www.gigerverlag.ch